目でみる方言

岡部敬史・文　山出高士・写真

東京書籍

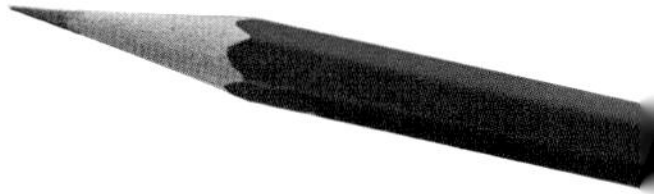

本書は、日本各地の方言を取り上げて、そのことばが使われる地域で何を意味しているのか、どのような状態を表しているのかを写真で「見てみよう」という試みの本です。

一例を挙げると、沖縄県の方言として「ぜんざい」を取り上げています。このことばに対応する写真は、一見すると「かき氷」です。それは、沖縄の「ぜんざい」が「かき氷スタイル」で提供されるが故なのですが、他県民からすると、このことばと写真の差に「え？」と思うのではないでしょうか。このギャップを楽しんでもらえたらなと思っています。

このように方言を写真でみること。そして、全国の方言にまつわる興味深い話をコラムで紹介することで、この本は構成されています。

この本を作るときに意識したことが、ふたつあります。

ひとつは、各地で「今でも使われていることば」と使っている人が「方言だとは思っていなかったことば」をできるだけ選ぶということ。幅広い世代の人に楽しんでもらいたいので、できるだけ今でも使っていることばから選ぶようにしました。また「方言だと思っていなかったことば」は、今でも使うことばである上、そこに驚きもあるので積極的に紹介しました。

もうひとつは日本各地の方言を紹介すること。本書では、北は北海道から南は沖縄県まで、方言に関する全国47都道府県の話題を取り上げて解説しています。北から南まで順番に配列していますが、順番通りに読む必要はありません。気になるところから読んでいただければと思います。

なお本書で〇〇県の方言として紹介したことばは、その地方・地域の特徴的なことばではあるものの、個人によって「使う／使わない」というグラデーションが当然存在します。家族構成や、その土地にどれくらい住んでいるのか、また例えば、現在は同じ愛知県であっても、旧尾張地方と旧三河地方のような明治以前の行政区分のちがいなどでも、ことばは異なってきます。また地域や世代によって、細かな表現のちがいなども存在します。そういったちがいがあることを前提としつつも、本書では現在の都道府県で区分けし、その県の代表的な方言として紹介していることもご理解いただければと思います。なお、当地で広く使われている商品名など、旧来からの方言というカテゴリに入らないものもありますが、これらも本書では「方言」として取り扱っています。

書店や図書館には、方言に関する本がすごくたくさんあります。それらには、本書のように全国的な視点から各県のものを紹介しているものもあれば、その地域のことばについて深く調べたものまで多種多様です。こんなことからも、南北に細長い日本列島には、方言自体が無数にあることがわかります。本書はそこから数多くの方言を網羅的に紹介するのではなく、先述した方針に基づき著者の判断で選んで紹介していることをご了承ください。

原稿は岡部敬史が担当し、写真は主に山出高士が担当しました。

この本で方言の話に花が咲きますよう。

岡部敬史

Part.2 北陸・東海甲信・近畿

デザイン／サトウミユキ（keekuu design labo）　表紙&本文写真／山出高士

目でみる方言

PART 1

北海道・東北・関東

サビオ

北海道の方言

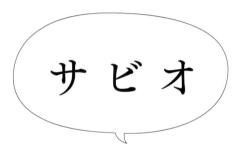

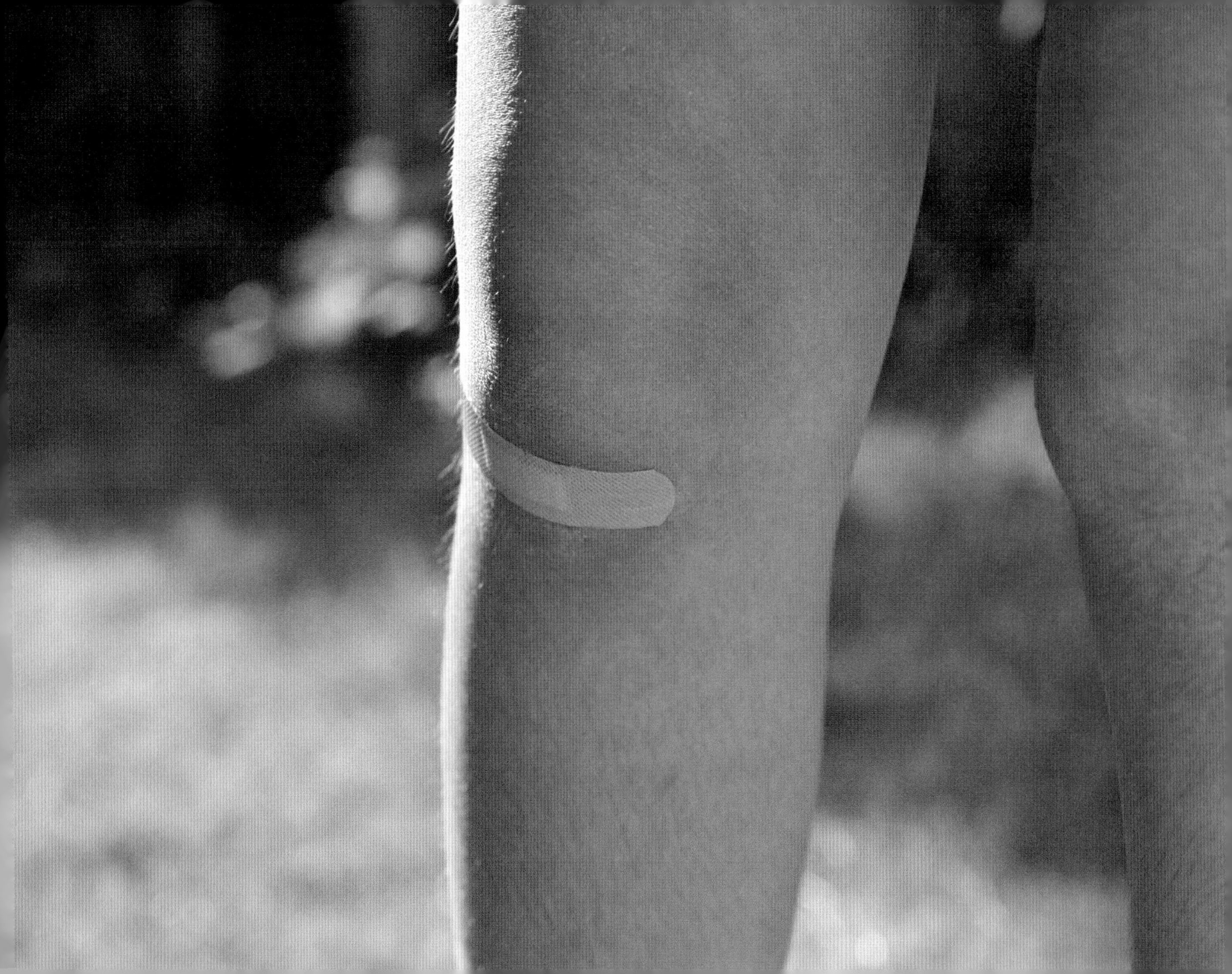

北海道では、救急絆創膏のことを
「サビオ」と言う。

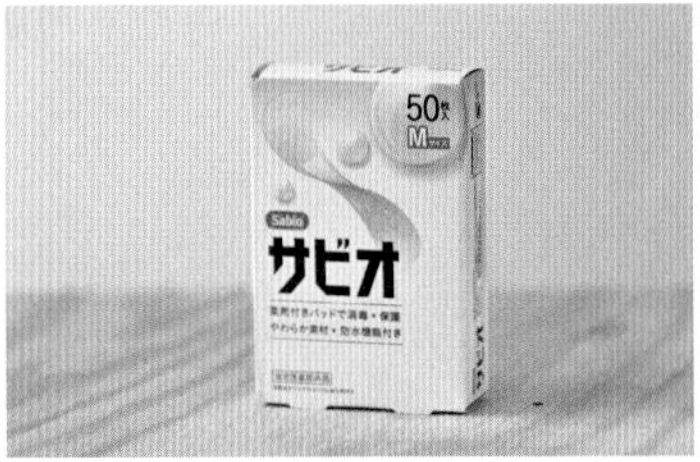

ケガをしたときに、パッと貼ることで傷口を保護してくれる救急絆創膏は、全国各地にさまざまな呼び名がある。関東一帯や、近畿圏で主に使われるのが「バンドエイド」。東北や中国、四国の一部では「カットバン」。福岡県や熊本県などの九州や奈良県では「リバテープ」、石川県、福井県、長野県などでは「ばんそうこう」。富山県では「キズバン」、そして北海道と和歌山県と広島県などでは「サビオ」と呼ばれる。これらの名前で「ばんそうこう」以外の呼び名は商品名のため、当該地域でもっとも普及した商品の名前が広まったと考えられている。北海道の人が言う「サビオ」は、もともとスウェーデンのセデロースという会社の絆創膏ブランド。2002年に販売終了となってからも当地には「サビオ」と呼ぶ人が多かったという。なお現在では2020年に熊本県の阿蘇製薬株式会社が販売する形で「サビオ」のブランドが復活している。伸縮性と防水性に優れ、薬剤が塗布されているのが特徴である。

北海道でトランプを交ぜることは「てんをきる」。

北海道でトランプを遊び終えたとき「負けた人はてんきってー」などと言う。この「てんをきる」とは、トランプを交ぜることを意味する同地の方言。ことばの由来は、花札用語など諸説あるが、定かではないという。なお、東日本ではトランプを「きる」と言うのが一般的だが、西日本ではトランプを「くる」と言うところも多い。

傘をかぶる

青森県の方言

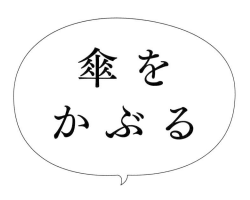

青森県では、傘をさすことを「傘をかぶる」と言う。

青森県では、一般的に「傘をさす」と言うところを「傘をかぶる」と言う。身につける雨具であった「蓑《みの》」などの名残りであろうが、方言だと気づいていない人も多く、他府県の人の前で使い、「笠地蔵かよ！」と突っ込まれた人もいるそうだ。なお「傘」の方言は、子どもが使う幼児語にたくさん見られ、「かーかー」（静岡県）、「ばーば」（香川県）、「べーべー」（兵庫県）、「ぼんぼん」（三重県）などと言う地域がある。

青森県の小銭は「だらっこ」。

青森県は、独自の方言が根強く残る地域として知られるが、なかでも今でも広く使われているのが、小銭を意味する「だらっこ」。「だらっこばりさなる」といえば「小銭だらけになった」という意味だ。なお「お金」のことは、山形県や三重県、奈良県、島根県などでは「ぜぜ」。香川県では「ぜぜこ」などと言う。

岩手県には「じぇじぇじぇ」の碑がある

みなさんはNHKの連続テレビ小説『あまちゃん』を覚えていますか。舞台となった岩手県久慈市を走る三陸鉄道や、『潮騒のメモリー』という挿入歌、そして流行語大賞となった「じぇじぇじぇ」という方言のことなど、今でも記憶している人は多いのではないでしょうか。ただ、放送されたのは2013年なので、もう10年も前のことなんですね。月日の経つのは早いなぁ。

さて、懐かしく思いながら「じぇじぇじぇ」ということばのことを改めて調べてみると、これは岩手県久慈市小袖地区の方言で、驚いたときや感動したときに使う「じぇ」という方言があり、その感動の強さが上がると「じぇじぇじぇ」となるそうです。このことばは、『あまちゃん』で全国区の知名度になり、舞台となった久慈市の小袖漁港には「じぇじぇじぇ発祥の地」という石碑が2014年に建てられ、写真撮影スポットとして今でも人気だといいます。

全国に石碑というのは多種多様あれど、方言をモチーフにした石碑とは珍しいのではないでしょうか。そう思いほかにも方言にまつわる石碑があるのかと調べてみると、とても興味深いものを見つけました。

それが島根県仁多郡奥出雲町亀嵩《かめだけ》にある『砂の器』記念碑です。『砂の器』といえば、国民的作家であった松本清張の代表作のひとつですが、ある方言が作品の大きな鍵を握ります（以下、ネタバレを含ま

写真左が岩手県久慈市宇部町小袖にある「じぇじぇじぇ発祥の地」の碑（写真提供＝久慈市商工観光課）。写真右は島根県仁多郡奥出雲町亀嵩にある『砂の器』記念碑（写真提供＝亀嵩観光文化協会）。それぞれ「あまちゃん」ファン、松本清張ファンは足を運んでみてはいかがでしょうか。

す）。簡単に説明すると、年配の男性の身元不明遺体が発見され、その前日に若い男とバーで飲んでいたことがわかる。そしてその若い男が「カメダは今も相変わらずでしょうね？」と尋ねると、殺された年配の男性が「君に会えて、こんなに嬉スいことはない」と東北訛りで答えたという。この証言をもとに「東北にあるカメダ」という地域に縁のある人物にちがいないと捜査を進め、秋田県にある「羽後亀田」に向かうも収穫がなく捜査は行き詰まる。しかしその後、この「カメダ」という場所が、東北ではなく奥出雲町の亀嵩（カメダケ）のことだとわかるのです。つまり、東北訛りのことばは、東北だけでなく、出雲地方でも話されていたということに着目したトリックというわけです。

なぜ、出雲と東北地方で同じようなことばが話されているかは諸説ありますが、もともと出雲ことばだったものが、海上交通を経て東北に伝わり広まったとも考えられているようです。

『砂の器』は、小説で読んで映画でも見た思い出深い作品。あの亀嵩に記念碑があるとは思いもよらず嬉しい発見となりました。いつかまた『砂の器』を読みながら出雲旅を楽しんでみたいものです。

うるかす

宮城県の方言

宮城県では、食器などを水につけておくことを「うるかす」と言う。

宮城県のみならず、東北一帯や北海道でも使われる「うるかす」ということばが意味するところは、食器などを水につけておくこと。食事を終えた茶碗には、米粒などがついているので、これを水につけ「うるかす」ことで、あとで洗いやすくするのだ。愛着のある方言には、「ほかに言いようがない」ものが多いが、この「うるかす」などはその典型例。便利なことばなので、ぜひ全国に広げたいものである。なお秋田県や山形県などでは「うるがす」と濁って発音するところもある。

宮城県のカップ麺は「かっぺろ」。

宮城県には、違和感のあることを表現する「いずい」(P156) や、中に着た服が捲れ上がることを意味する「たごまる」など、県民に愛される方言が多い。麺類を言い表す「ぺろ」もそのひとつ。カップ麺は、「かっぺろ」と言うが、これは古くからある「ぺろ」という方言に、「カップ」という現代的アイテムがくっついてできたことばである。

かっちゃま

秋田県の方言

秋田県では、服を裏返しに着ることを「かっちゃま」と言う。

秋田県では、服を裏返しに着ることを「かっちゃま」とか「かっちゃ」「かちゃま」などと言う。「おめーの服、かっちゃまでねーげ？（あなたの服、裏返しじゃない？）」というように使うわけだ。この「裏返し」を意味する方言は、「かいちゃ」（福島県）、「かえさめ」（島根県）、「かさまい」（滋賀県）、「きゃーしま」（新潟県佐渡）、「けっちゃ」（宮城県）など実にたくさんある。なお1980年代に、わざとトレーナーを裏返しに着るという流行があり、面白半分で真似た記憶もあるが、なぜあんなことが流行ったのだろうか――。少し調べてみると、「タグを見せるため」とか「政治体制への抗議の意味でアメリカの学生が始めた」などの諸説があるものの、正確な由来はよくわからないようだ。世界的な「かっちゃま」の流行は謎に包まれている。

秋田県の漬物は「がっこ」。

秋田県では漬物のことを「がっこ」と言う。語源としては「香香《こうこう》」が変化したなど諸説あるが、たしかなことはわかっていない。秋田の名産品に「いぶりがっこ」があるが、これは燻製にした漬物という意味だ。なお「ちゃっこ」というのはお茶をするという意味の秋田弁で、「がっこちゃっこ」といえば、お漬物を食べながらお茶をするティータイムなんだとか。なんとすてきでかわいらしい名前の時間だろう。いつか交ぜていただきたい。

がいろがいろ

山形県の方言

山形県では、かき混ぜることを「がいろがいろ」と言う。

多様な方言のある山形県で、今でも広く使われているのが「かき混ぜる」ことを意味する「がいろがいろ」。もともとは大鍋などをかきまわす意味だったが、今ではカルピスや水割りなどグラスに入った飲み物にも「がいろがいろしてね」と使う。また、同じ山形県内でも、庄内弁を使う日本海側ではかき混ぜることは「けもけも」と言う。なお、山形県において「がいろがいろ」する機会が多いのが、名物「ひっぱりうどん」を食べるとき。乾麺のうどんを茹でてこれを鍋から直接「ひっぱって」食べるのだが、このとき使う「つけダレ」は納豆や生卵、ネギにサバ缶などを「がいろがいろ」したものだ。

山形県で「どないやねん」とツッコミを入れるときは「どだなだず」。

関西の「どないやねん」というツッコミを山形弁でしたい——。そんなノリから1990年代に、若者を中心に使われだした方言が「どだなだず」。「どだな（どんな）」と「だず（だよ）」をくっつけたもので、山形を中心に活動するタレントのミッチーチェンさんがテレビやラジオで使ったり「どだなだずTシャツ」を着てイベントに出演するなどして、徐々に広まっていったという。Tシャツは山形のお土産として好評。ミッチーチェンさんのネットショップ「ミッチー笑店」などで購入可能です（写真提供・ミッチーチェン）。

おふかし

福島県の方言

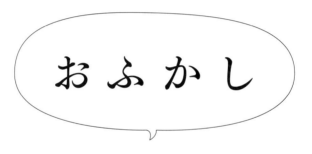

福島県では、お赤飯のことを「おふかし」と言う。

福島県では、めでたいときに食べる「お赤飯」を「おふかし」と言う。これは「蒸《ふ》かす」ということばに由来したもので、仏事には色付けのための煮汁を入れない「白ぶかし」を作る地域もある。赤飯には、多様な方言があり「あかまま」(新潟県) や「あずきごりょー」(奈良県) などは、その色や、小豆が入っていることに由来するもの。また「こわいー」(長野県) などは、もち米を蒸《む》した飯を言い表す「強飯《こわいい》」ということばに由来している。なお、炊き込みご飯にも方言があるが、この福島県と奈良県では「色ごはん」と呼ぶ地域が多い。

福島県で糊づけすることは「ねっぱす」。

福島県の人は、糊づけすることを「ねっぱす」と言う。切手を貼ることも「ねっぱす」と言い、貼り付けること全般に使える便利なことばのため「方言だと思わなかった」という福島県人も少なくない。「(糊を) 粘《ねば》す」がその由来とされる。

犬め

茨城県の方言

茨城県では、犬のことを「犬め」と言う。

茨城県には、生き物の名前の語尾に「め」をつけて呼ぶという方言がある。たとえば、犬は「犬め」、猫は「猫め」、牛は「牛め」と呼ぶのだ。「〜め」は「バカめ」のように見下す意味もあることばだが、この「〜め」にはそういった意味はなく「〜ちゃん」に近いという。ただ、一般的には、親しみをこめて呼ばない「ハエ」や「蚊」ですらも「へーめ(ハエめ)」「かんめ(蚊め)」と呼ぶのが特徴だろう。なお、このように生き物に「め」をつける方言は、伊豆諸島の八丈島などにもある。

茨城県のスコップは「サブロー」。

茨城県では、スコップのことを「サブロー」と言う。「シャベル」が「シャブロ」になって「サブロー」に変化したという説がある。現在、シャベルといえば、関東では子どもが砂場で使うような小さなものを指し、上の写真のように大きなものをスコップと呼ぶのが一般的。関西ではこれが逆になるという不思議な現象があるが、このサブローの語源が正しいのであれば、関東でももともと大きなものをシャベルと言っていたのかもしれない。

おっかける

栃木県の方言

栃木県では、折れることを「おっかける」と言う。

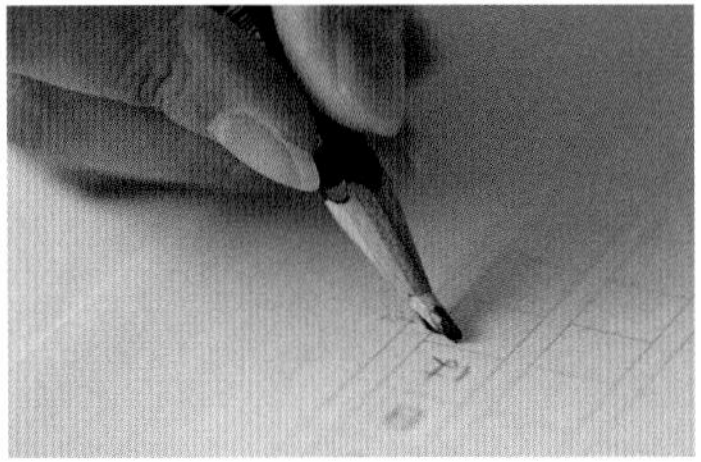

「おっかける」と聞くと「追いかける」をイメージするが、栃木県などの北関東では鉛筆や割り箸などが「折れる」こと、またお皿が割れることをこう表現する。なお「折る」ことは「うっかく」と言い、「おだる」（山形県）や「おっぽしょる」（長野県）など、全国に多様な言い方がある。この「おっかける」のように、栃木県と他県とでは意味が異なることばに「うら」がある。通常「うら」といえば、表裏の裏だが、同県では「後ろ」を意味しており「車のうらに乗ってくれっけ（車の後ろに乗ってね）」などと使う。

栃木県の人に懐かないねこは「たなぎねこ」。

栃木県には「たなぎねこ」という「人に懐かないねこ」を意味する方言がある。栃木県の佐野地方で「たなぎ」といえば、天井に作った棚を構成する木材を指し、こういった天井などの人目のつかないところで生まれ育ったねこが人に懐かないことから生まれたことばだという。

群馬県人の「あとでやる」は「明日やる」

誰かに仕事を頼まれたとき「あとでやる」と答えることがありますよね。

このとき、あなたの頭の中にある「あとで」とは、どれくらい「あと」でしょうか。

多くの地域の人にとってこの「あとで」は、その日のうちだと思います。私（京都出身、東京在住）にとっての「あとでやる」は、「今やっていることが終わったらやる」ですかね。なんとなく自分の中の優先順位は高く、早くやらなくてはいけないものという意識があります。

ところが「あとでやる」と言ったとき、それは「明日以降にやろうと思っている人が多い」地域があります。それが、群馬県や栃木県などの北関東や、東北地方の一部の人たち。なぜこんな意識差が生まれたのかは不明ですが、周りの人たちに聞き取りをしても、たしかにちがうので、今でも残る差異だと思います。会社などで「あとでやっておきます」と言われたら、多くの人が「今日中に仕上がるだろう」と思いがちですが、このような認識のちがいがあるのですから、どうしても今日、やってほしいならば「今日中にお願いしますね」と言い添えたほうがいいですよ。

このように「同じことば」であっても、その意味するところが地域によってちがうというのも、方言の一種のように思いますが、こういったことばに「行けたら行く」があります。

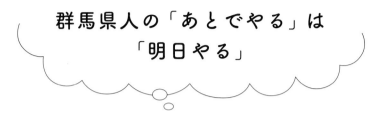

同じことばであっても、関東と関西で認識しているものがちがうもののひとつに「トコロテン」があります。どちらもテングサなどの海藻類を煮た後に冷やし固め、線状に突き出したものですが、関西では甘い蜜をかけて食べるのに対して、関東ではこの写真のように酢醤油にカラシを添えて食べるのが一般的。関西から関東に来ていろんなものに慣れた私もこれには慣れません。

みなさんは誰かに誘われて「行けたら行く」と返事するとき、心のなかでどれくらい行くつもりでいるでしょうか。実はこの「どれくらい行こうと思っているのか」は、おおよそ東日本と西日本でちがいがあるのです。

ぜひ行きたいと思っている人が多いのは、関東を中心とする東日本です。「行けたら行く」と言うのは、文字どおり行きたいから答えているわけですね。

一方、ほとんど行くつもりがない人が多いのが、関西を中心とする西日本です。「行けない」「行きたくない」と返事をすると、誘ってくれた人に悪いかなと思い、やんわりと断るために「行けたら行く」と言うのです。京都で生まれ育った私にとっての「行けたら行く」は「ほとんど行かないつもり」でしたが、東京に来て「行けたら行く」と言う人が「本当に行くつもり」だと知ったときはとても驚いたものでした。

そう知ってから、行けないときは「行けません」と言うよう心がけるようになりました。だって本気で来ると思う人もいるんですもんね。

マッカチン

埼玉県の方言

埼玉県では、ザリガニのことを「マッカチン」と言う。

ザリガニのなかでも、とくに赤くてハサミが大きなものを関東の一部などで「マッカチン」と呼ぶ。「真っ赤」であるという色に由来することばは、とりわけ埼玉県の一部でよく使われるという。また岡山県では、ザリガニのことを「トーチカ」と呼ぶ。トーチカとはコンクリート製の防御陣地を意味するロシア語だが、ザリガニが田んぼの畔《あぜ》に作る巣がこれに似ていることから名付けられた。

埼玉県で押すことは「おっぺす」。

埼玉県において、今でも使う人が多いとされる方言が「押す」を意味する「おっぺす」。「ボタンをおっぺす」というように使うことばで「押し合いへし合い」の「押しへす」が変化したとされる。同県の偉人・渋沢栄一の名前を冠した「渋沢栄一 おっぺす バウムクーヘン」というお菓子が販売されていたのでそのパッケージを見ると《押す…推す…おすすめしたい。想いが詰まっております。》という説明があった。なるほど。

もじく

千葉県の方言

千葉県では、実をもぐことを「もじく」と言う。

千葉県では、果物などの実を木からもぐことを「もじく」と言う。「柿が食べたきゃ裏の畑からもじいてこい」などと使うわけだ。千葉県は、主に南部で話される「房州弁」、北東部で使われる「東総弁」、北西部の野田市で使われる「野田弁」の３つの方言圏があり、今でも使われる独自のことばも少なくない。代表的なものに、青あざを意味する「青なじみ」、にじむや染みるを意味する「じゃみる」、ひきずることを意味する「ずってる」、びしょびしょの状態を表現する「びたびた」などがある。

千葉県で左右揃っていないことは「びんちょ」。

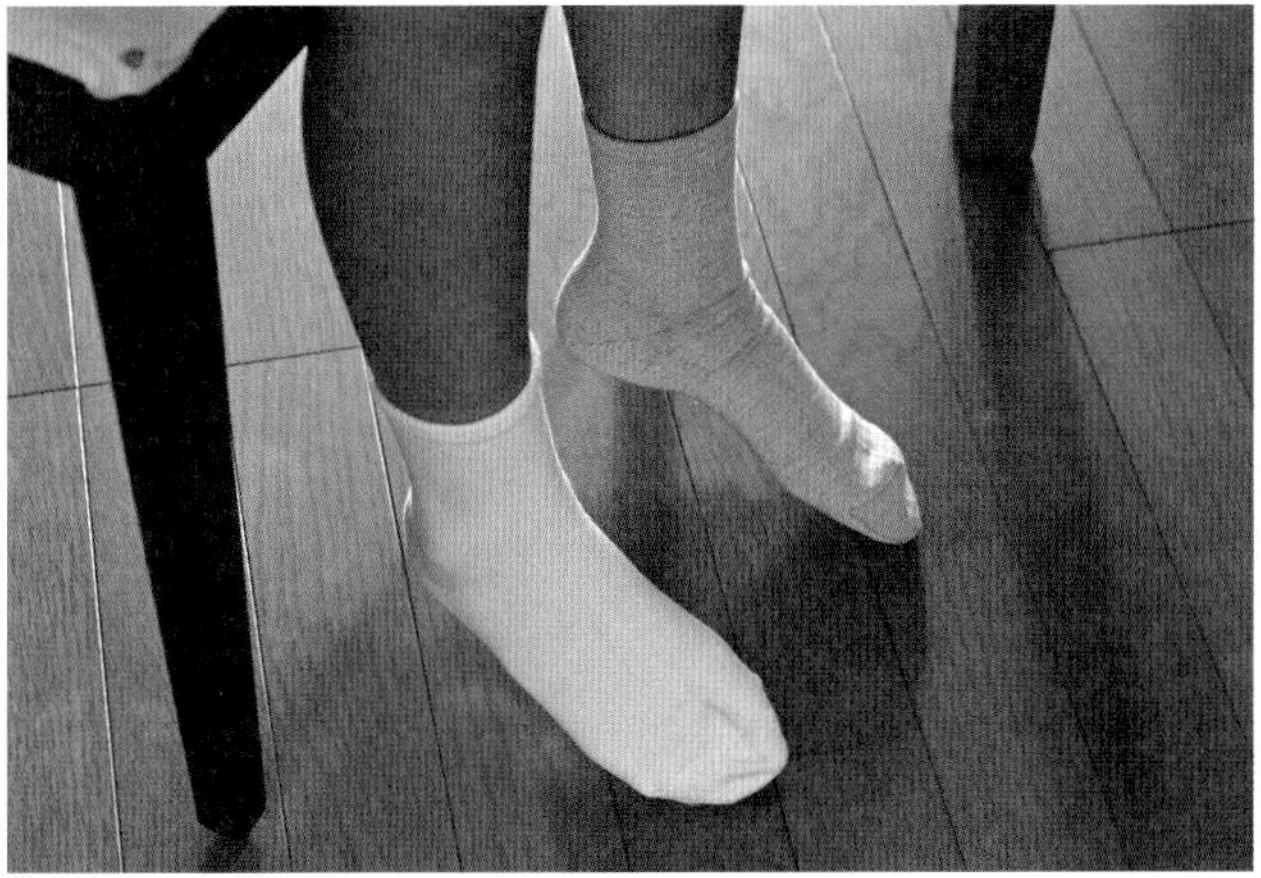

千葉県において左右のものが揃っていないことを「びんちょ」と言う。代表的な使い方は、左右揃っていない靴下を履いている状態を指す「靴下びんちょ」。朝、食卓の場で、お母さんから「あんた靴下びんちょだよ」と言われ、「かーちゃんこそ、昨日の弁当のお箸、びんちょだったよ」と言ったりするのだ。

まん真ん中

東京都の方言

東京では、ちょうど真ん中のことを「まん真ん中」と言う。

「ちょうど真ん中であること」を、今、多くの人は「ど真ん中」と言う。ただ、これはもともと関西弁であり、東京ではかつて「まん真ん中」と言っていた。この「ど」とは、関西において使われる強調するための接頭語。「どぎつい」とか「どあほ」などと聞くと関西のことばという感じがするが、なぜ「ど真ん中」だけは多くの人が違和感もなく全国的に使っているのか。一説によれば、野球中継において真ん中に投げられたボールを関西の解説者が「ど真ん中」と言っていたのが、次第に広まっていったのではないかとされている。ただ、江戸を舞台とした話を語る落語家は、「ど真ん中」ではなく「まん真ん中」と言うように意識しているそうだ。

東京では、ひばちを「しばち」と発音する。

東京で長く過ごす「江戸っ子」ことばの特徴に「ひ」と「し」が逆になるというのがある。布団を「敷く」ではなく「ひく」。「ひばち」ではなく「しばち」と発音するなどがその一例だが、「ひ」と「し」は発音するときに舌の位置が同じなので、このような現象が生まれるという説がある。そして、そういったことばを聞いて育った人は、「ひ」と「し」の使う箇所を混同するとされ、江戸っ子は「しおひがり」を「ひをしがり」と言ったりするそうだ。

神奈川県のえらび歌は「なのなのな」で終わる

いくつかのモノからどれかひとつを選ぶとき、つい口に出るのが「どれにしようかな　てんのかみさまのいうとおり」という「えらび歌」。全国各地で親しまれていますが、この後に続くフレーズにはいろんなバリエーションがあります。

もっとも広く使われているのが「かきのたね」です。「えらび歌」は、この「かきのたね」と同じ５文字の中で変化していくのが基本で、北関東に多い「あべべのべ」や、神奈川県に多い「なのなのな」、愛知県に多い「あぶらむし」、中国地方に多い「ごはんつぶ」、九州に多い「たまてばこ」などがあります。そして、関東では、この５文字のフレーズの前に「てっぽううってバンバンバン」とつけるケースもあるようです。

これに対して関西で多いのは、「ぷっとこいてぷっとこいてぷっぷっぷ」。「だるまさんがころんだ」でも関西では「坊さんが屁をこいた」が使われていますが（P108参照）、ここでもやはりオナラネタが登場です。これは５文字ではありませんが「ぷっとこいて／ぷっとこいて／ぷっ／ぷっ／ぷ」と５つに分ける形で発音するわけですね。

このほか面白い例では、「ねこねここねこ たまてばこ」（熊本など）や「ねんねのねんねの ねずみとり」（広島など）といった動物が出てくるものもあります。また静岡や新潟などでは「あかまめ あおまめ てんのまめ」など豆が出てくるものが使

なぜ「かきのたね」ということばがよく使われるのか。MBSテレビの「コトノハ図鑑」の調査によれば、フォークデュオ「あのねのね」が1973年にリリースした「赤とんぼの唄」がその理由ではないかとのこと。その歌の歌詞に出てくる「あかとんぼ」「あぶらむし」「かきのたね」そして「あのねのね」は、「えらび歌」によく用いられることばとして知られています。こういった流行歌の影響で、いろんなバリエーションが作られていったのかもしれません。

われたり、滋賀や福井などでは途中で1から10まで数えるバージョンもあります。

　また、こういった各地のバージョンをくっつけた「なのなのな　あべべのべ　たまてばこ　かきのたね」などと言うところも少なくありません。なぜこういうことが起きるのか？

「かきのたね」で遊んでいた地域で「あそこは『あべべのべ』らしいぞ」という情報を得ると、それをどんどんくっつけていって楽しんでいたというのが一案。ただ、そのえらんでいた様子を思い返すと別の要因も思い浮かびます。たくさんの飴が並んでいて、えらび歌通りだとあまり好きじゃないハッカの飴になる。そんなとき「かきのたね　あべべのべ」と別のフレーズを付け足して嫌なものから回避していたのではないですかね。ああ、なんかこれが正解な気がしますね。自分もそうやっていたような気がしてきました。

　なお歌の始まりは「てんのかみさまのいうとおり」というところが多いものの、たんに「かみさまのいうとおり」というところもあります。なんとなく前者は西日本に多く、後者は東日本に多い気がします。

ぎいろぎいろ　みいず

おちょきん　　　うるかす　あっちゃ

じぇじぇじぇ

おめべ　ばりん　レイコー

う　る　　おちょきん　てげ　ぴっぴ

ぎいろぎいろ

あす　たわん　うるかす　たいたん

めっちゃ　　いずる　コモコモさん　たい

レイ　　　ぴっぴ　ぎいろぎいろ

てげ　てげ　おちょきん

目でみる方言

PART 2

北陸・東海甲信・近畿

飴が泣く

新潟県の方言

新潟県では、飴が融けることを「飴が泣く」と言う。

新潟県では、飴が融けた状態を「飴が泣く」と表現する。例えば夏場だと「暑いのに、外に出しておくから飴が泣いた」などと使うわけだ。また、飴だけでなく、砂糖や塩が湿気を帯びて泥状になることも、同様に「泣く」と言い表す。この元の状態が熱や湿気で劣化してしまうことを「泣く」というのは、製菓業界などでも広く使われることばだそうだ。ただ、それがなぜ新潟を中心に残っているのかは、よくわかっていない。なお、大阪では同様の状況を「飴がわく」と言う。

新潟県のカマキリは「いぼむし」。

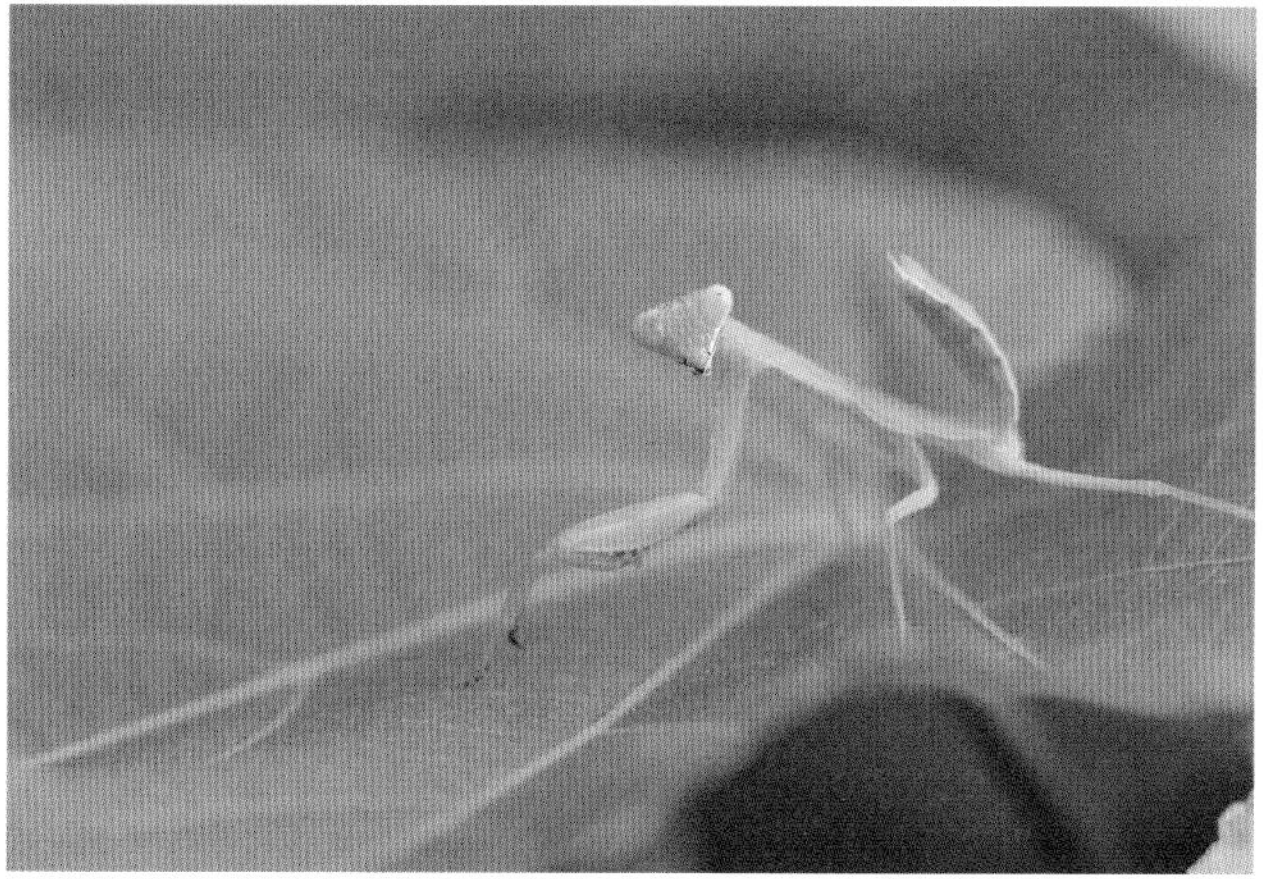

カマキリというのも、多様な方言で言い表される虫のひとつ。栃木県や群馬県などで呼ばれる「オガミムシ」は、胸の前で鎌を揃えているポーズが拝んでいるように見えることがその由来。新潟県では「イボムシ」と呼ぶが、これはカマキリにイボをかじらせるとイボが取れるとか、カマキリをすりつぶしてイボに塗ると治ると信じられていたためと考えられている。また埼玉県や東京都の一部などには、トカゲのことをカマキリと言い、カマキリのことをトカゲと呼ぶ地域がある。

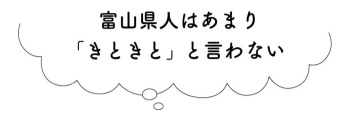

富山県人はあまり「きときと」と言わない

富山県のことばで名高いのが「きときと」です。これは「新鮮な」という意味の方言で、富山といえば富山湾の新鮮な魚介類が有名ですし、県内には「きときと」という名の寿司屋や市場があり、なにより空港の名前が「富山きときと空港」ですから、さぞ富山県人は「きときと」と言うのかと思いきや、これがそれほどでもないそうです。富山の人に聞いても「言わないですねぇ」と半分笑ったような感じで答えますし、ネットで調べても「全然言わない」という声がとても多い。もちろん方言の「言う／言わない」は、簡単に言い切れるものではありませんが、どうも世間の認知ほどには言わないようです。

この「あまり言わない方言」について、京都生まれの私には、思うところが多々あります。京都の方言といえば、「ようこそ」を意味する「おいでやす」が有名ですが、これは舞妓さんや観光に携わる方が言うことばで、一般の人はほとんど口にしません。以前、京都生まれのコラムニスト・みうらじゅんさんが「京都には劇団京都がいる」的な発言をされていました。みんなが思う京都ことばは、サービスで言っているのだと。なんかこれすごくわかるんですよね。私も、修学旅行生に道を聞かれたら「あっちのほうやなぁ。気ぃつけて」となんか京都弁らしく話したりするんですよね。あとお茶漬けを意味する「ぶぶづけ」も、多くの

写真は高知県桂浜の坂本竜馬。時代劇に出てくる竜馬は、語尾に「ぜよ」と付けるのが定番ですが、今の高知市内ではほとんど使われていません。ただ、同県の安芸市などではまだまだ使う人が多いそうです。

人が言う京都のことばではないと思います。ましてや、来客に「ぶぶづけ」を出すことで「早く帰れ」的なメッセージを出したことがある人は、どれだけいるのかなぁ（笑）。

　このような「あまり言わない方言」は、わりと各地にたくさんあって、代表的なのは鹿児島の「おいどん」でしょうか。同県の英雄・西郷隆盛がドラマなどで「おいどん」と言う印象が強く、今でも鹿児島の人は「おいどん」と言っているかと思いがちですが「まったく言わない」という声が多い。同じく「ごわす」も今ではほとんど使われないそうです。

　名古屋で「です」を意味する「だがや」や「だぎゃー」という方言も有名ですが、実際、名古屋の人は、あまり言わないといいます。エビフライを意味する「えびふりゃー」もほとんど言わないのだとか。大阪の人は語尾に「でんがな」「まんがな」と言うイメージが強いでしょうが、これも今ではあまり使わないでしょう。

　その地域のイメージとして強くすりこまれている方言というのは、時代とともに話す人は減るのでしょうね。逆に「これ方言だったの？」というものは残る。北海道北見市常呂町を拠点として活動するカーリングチーム「ロコ・ソラーレ」の選手たちが「そだねー」と語尾を伸ばして話すことが話題になりましたが、あれはきっと方言と気づかずに使っていたのではないでしょうか。

かたがる

石川県の方言

自転車を除く
一方通行

石川県では、傾くことを「かたがる」と言う。

石川県の人が方言だと気づかずに使っていることばに「傾いていること」を意味する「かたがる」がある。斜めになった標識を見れば「かたがっている」と思い、駐車場に車を斜めに入れてしまうと「あー、かたがった」と思うわけだ。石川県には「傾いている」と言う人はいないのでは——という声も聞かれるほどに浸透したことばだという。この「かたがる」同様に方言だとは思わず使っていることばに、「寄りかかる」を意味する「よしかかる」がある。

石川県のたらこは「もみじこ」。

石川県では、着色した「たらこ」を「もみじこ」と呼ぶ。漢字で「紅葉子」と書くことからもわかるように、赤く色づいた紅葉がその由来になっている。なお北海道の札幌市の西方にある海に面した岩内町でも、たらこを「もみじこ」と呼ぶことから、この地の文化が北前船を通じて石川県に伝わったのではないかと考えられている。

おちょきん

福井県の方言

福井県では、正座することを「おちょきん」と言う。

正座には、全国各地にさまざまな呼び名があり群馬県では「おつくべー」、富山県では「ちんちんかく」、宮崎県では「きんきん」、そしてこの福井県では「おちょきん」と言う。主に、小さな子に使うことばで、きちんと座らせたいときに「おちょきんしなさい」と言ったりする。また一般的に「体育座り」と呼ばれる座り方にも、関西の一部では「三角座り」、岩手県などの東北では「安座」と言うなどの地域性がある。

福井県のカエルは「ぎゃる」。

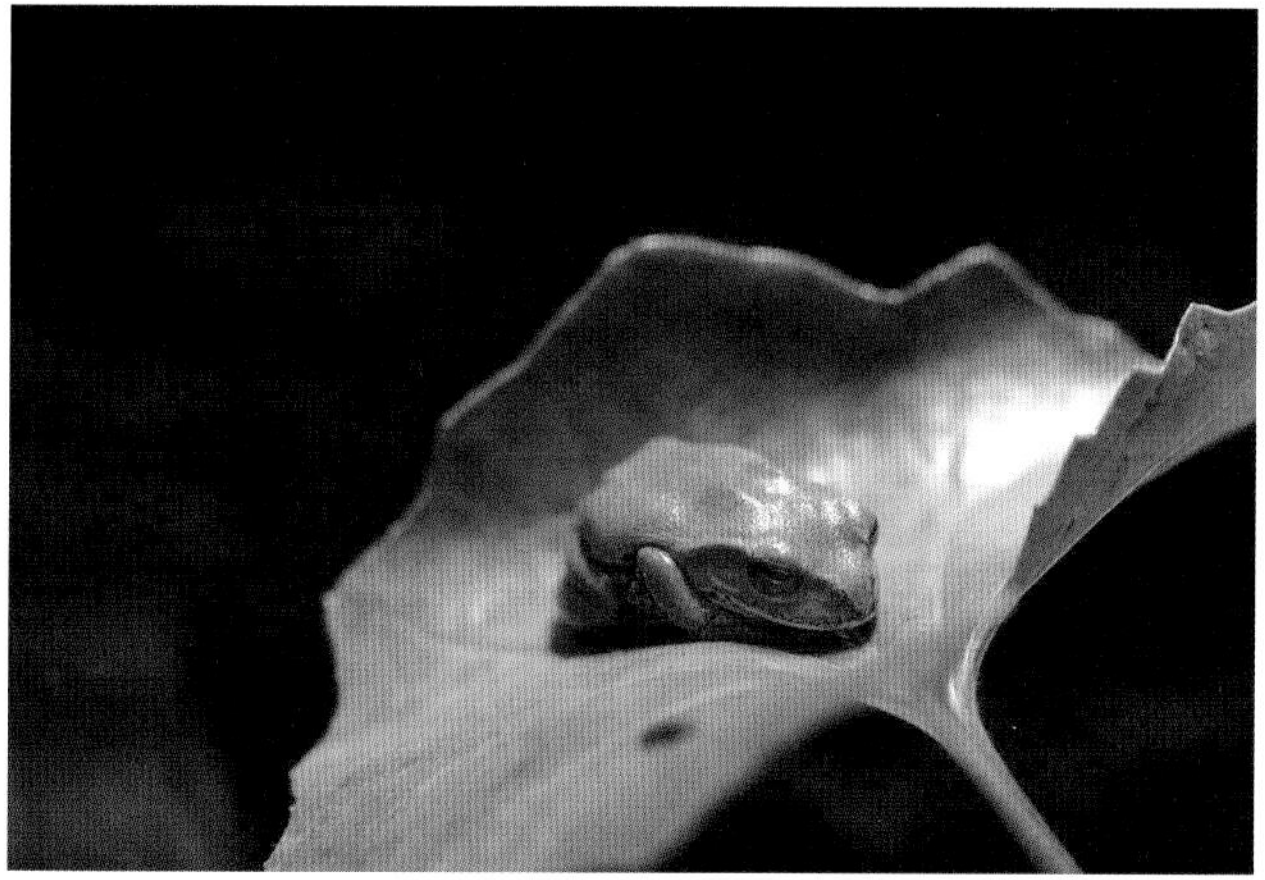

カエルは全国各地にたくさんの方言がある生き物だが、福井県では「ぎゃる」や「ぎゃるめ」と言う。「ぎゃ」から始まるカエルの方言だけでも「ぎゃず」（富山県）、「ぎゃぎゃ」（熊本県）、「ぎゃろもっけ」（秋田県）、「ぎゃわす」（石川県）などがあり、このほか「きゃーろ」（静岡県）や「びき」（青森県）などと言ったりする。このカエルだけでなく、牛や馬、ネズミやヘビなど、昔から日本人の生活の身近なところにいた生き物には多くの方言が残っている。

山梨県人は「てっ！」と驚く

山梨県の面白い方言に「てっ！」があります。これは感嘆を表すことばで、一般的に「えっ！」と驚くところを「てっ！」と驚くのです。YBS山梨放送の『ててて！TV』もこの「てっ！」に由来しているそうで、こんな短いことばでも親しまれている方言があるのかと思い、ほかにもないかと探してみるといろいろありました。

「てっ！」と同じ感嘆のことばで「わぁ」といった意味を持つのが、長崎県五島列島のことばの「ばえー」。NHKの連続テレビ小説『舞いあがれ！』でも使われていたので印象に残っている人もいるかと思いますが、なかなか面白い響きです。

短いことばの方言が多いとして知られるのが、青森県の西部・津軽地方で使われる「津軽弁」です。一例を挙げると「どうぞ」は「か」、「食べてください」は「け」、「食べる」は「く」、「おいしい」は「め」の一言で言い表すというのですから驚きです。なんでも寒いゆえ、できるだけ少ないことばで意味が通じるにようと、こういったことばが生まれたとされています。

興味深い地域分布があるのが「あっぷ」ということばです。

これは、小さな子どもを叱ることばで、全国的に知られる「めっ」と同じ意味だと言います。まったく耳にしたことがなかったのですが、聞いて回ると、東北、北海道の人を中心に「使いますよ」

京都で育った私は、「お揚げさん」など、いろんなものに「お」を付けるのに慣れているのですが、ぶどうに「お」を付けたことはありませんでした。ただ、山梨県の人は、よく「おぶどう」と言うようで、このほか名物の「ほうとう」も「おほうとう」と呼ぶなど、なにかと「お」を付けがちだそうです。あなたは何に「お」を付けますか？

という人がけっこういました。気になるのは、なぜ「あっぷ」なのか？

「にらめっこするとき、最後『あっぷっぷ』といって怒ったような顔をしますよね。そこから来ているんじゃないですかね」

　そんな話をしてくれた元保育士だという女性は、「『あっぷだよ』と言ったあと、ぷーっと口を膨らませた顔をするんですよ」と言ってましたが、そんなところも「あっぷっぷ」由来っぽいですよね。

「福岡の小学生は、立ったり座ったりするときに『ヤー！』という掛け声を使います」

　こんなことも教えてもらいました。これは方言というよりも学校習慣にあたるものですが、とても面白い。なんでも福岡の子どもたちは体育の授業で「全員起立！」の声に「ヤー！」。「全員座れ！」の声に「ヤー！」と返事をするといいます。このヤーということば、ドイツ語（あるいはオランダ語）のイエスにあたる「ja（ヤー）」ではないかと考えられていますが、なぜ福岡を中心とした地域にこういった掛け声が残っているのかは、よくわからないようです。

花に水を
くれる

長野県の方言

長野県では、花に水をやることを「花に水をくれる」と言う。

花に水を与えるとき、多くの人は「花に水をやる」と表現するはず。ただ、長野県では、「花に水をくれる」と言う。これは水に限っただけでなく「友達にプレゼントをくれる」など、行動を起こす側が他者に何かをあげる際に「くれる」という表現を使うのだ。とりわけ長野県では「花に水をくれる」という表現が浸透しており、学校で花に水をやる係は「水くれ当番」という。この表現に愛着を持つ人も多く、長野県須坂市では、「水くれトーバンズ」というバンドが『僕達水くれ当番』というご当地ソングを歌っているのが面白い。楽しい歌なのでYouTubeで検索して聞いてみてもらいたい。

長野県の蕎麦湯は「うで湯」。

蕎麦を食べたあと、ツユに蕎麦湯を入れて飲むという風習は、信州で始まったとされる。東京の蕎麦は、蕎麦の実の外皮を外して作るが、信州の田舎蕎麦は、外皮も一緒に粉にして食べる。そのため消化が悪いので、消化を促進するため蕎麦湯を飲むようになったという説がある。この蕎麦湯を長野県の松本市などの一部では「うで湯」と呼ぶ。茹でるは「ゆでる」だけでなく音変化として「うでる」とも読むので、そこから生まれたことばだと考えられている。

カド、ケド

岐阜県の方言

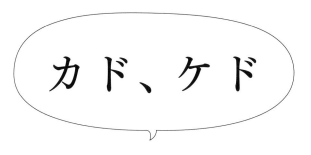

MONO
Tombow
3
おぼえているかな
おさらい3
40
たしかめ
漢字の広場
五年生で習った漢字
漢字を書きましょう。
の種類。
会社
者
表
会議
な生活。
世界の
会場の
おさらい4
計算をしましょう。

岐阜県では、漢字ドリルのことを「カド」、計算ドリルのことを「ケド」と言う。

学校で使われることばには、指摘されるまで、方言と気づかないものが多いが、岐阜県の人にとってのそれが漢字ドリルと計算ドリルを意味する「カド」と「ケド」。地域によっては「漢ドリ」「計ドリ」と略すところもあるが、なぜか岐阜県だけはこのように表現する。学校で使う岐阜県の方言には「机をつる」もある。掃除のときなどに「机を持ち上げる」ことを表現するものだが、もともと二人以上の作業で「吊り上げる」ときに使っていたことばが、一人で作業するときにも用いられるようになったと考えられている。

岐阜県の画びょうは「がばり」。

絵などを壁に留める「画びょう」のことを、関西では「押しピン」と呼ぶのは、わりと知られた話だろう。ただ、この岐阜県では、「がばり」と呼ぶ。画を貼るものだから「がばり」であろう。なお、このがばりを使って貼る模造紙のことを岐阜県や愛知県ではＢ紙（びーし）と言う。模造紙のサイズがＢ１判に近いからというのがその由来と考えられている。なお模造紙には、「がんぴ」（富山県）や「たいよーし」（新潟県）、「とりのこよーし」（香川県、愛媛県など）など、全国にさまざまな方言がある。

子どもっち

静岡県の方言

Jeep

静岡県では、複数を意味する「たち」を「〜っち」と言う。

他県の人が聞くと「かわいく言ってるの？」と思う静岡方言が、複数を意味する「っち」。私たちは「私っち」、俺たちは「俺っち」、子どもたちは「子どもっち」のように使う。ちなみに「うちっち」というと、「私たち」や「私たちのグループ」という意味のほか「私の家」という意味にもなり、友達を家に誘うときは「うちっちくる？」と言う。なお静岡方言で、この「っち」と並んで定着しているのが「だら」。これは「〜だよね？」とか「〜でしょ？」と同意を求める英語の「isn't it ?」に該当するもので、「昨日、静岡駅にいただら？（昨日、静岡駅にいたでしょ？）」といったように使う。

静岡県で沈殿している様は「こずむ」。

液体に何かが沈殿している様を静岡県では「こずむ」と言う。「偏む」と書いて「こずむ」という古いことばには、一カ所にかたまって集まるという意味があるが、これがその由来と考えられる。静岡県は茶の名産地という土地柄、湯呑みの底に沈殿した茶葉などを指してよく使われる。なお和歌山県では、この様子を「とごる」と言う。

ときんときん

愛知県の方言

愛知県では、鉛筆が尖っている様を「ときんときん」と言う。

鉛筆が尖《とが》っている様を言い表すことばは、全国各地にいろいろある。京都や大阪の場合「ぴんぴん」で石川県は「けんけん」。富山県は「つくつく」で、三重県は「ちょんちょん」である。そんななか特徴的なのが、愛知県の「ときんときん」。ちなみにこれよりも尖っているものは、「とっきんとっきん」と言う。なお「ときんときん」のようなオノマトペで、愛知県の方言として知られるものに「パカパカ」がある。これは歩行者用の信号が点滅している様を言い表すことば。一般的には「チカチカ」だろうか。

愛知県で自転車を懸命にこぐことは「盛りこぎ」。

愛知県の方言として広く知られているのは、自転車を「ケッタ」、あるいは「ケッタマシーン」ということだろうか。もともとペダルをこぐことを「けったくる」と言っていたことから生まれた若者発祥の方言とされるが、このケッタを懸命にこぐことを「盛りこぎ」と言う。自転車関連で多様な方言があるのが「補助輪」。愛知県では「ワッカ」だが、関西では「コマ」、鹿児島では「ハマ」などと言う。

三重県人は本当に「あさって」の次の日を「ささって」と言うのか？

みなさんは、「あした」「あさって」の次の日をなんと言うでしょうか？

そんなの「しあさって」に決まっているという声も聞こえてきそうですが、いやいや、全然決まっていないんですよ。これは全国にさまざまな呼び方があるのです。

全国的にポピュラーな「しあさって」は、もともと西日本で使われていたことばで、東日本では、あさっての次の日のことを「やのあさって」と言いました。それが江戸時代から徐々に「しあさって」に変わっていったと考えられています。

ちなみにそれぞれを漢字で書くと「しあさって」は「明々後日」。やのあさっては「弥の明後日」と書きます。なお「しあさって」が変化したと思われる「しらさって」と言う地方や、「やのあさって」が変化した「やなあさって」と言う地方もあります。

また、ややこしいのですが《あした→あさって→しあさって→やのあさって》と言うところもあります。つまり「やのあさって」は、３日後を指す地域と、４日後を指す地域に分かれているのです。

この「しあさって」問題で、独自のことばを持つのが、三重県です。同県では、「あさって」の次の日を「ささって」と言い、その次の日を「しあさって」と言います。つまり一般的には《あした→あさって→しあさって》であるのに対して、三重県では《あした→あさって→ささって→しあさっ

写真は2022年9月に三重県で行ったセミナー「くらべる東西 くらべる日本〜じゃあ、三重は？」の様子（写真提供・三重県生涯学習センター）。私たちの著作『くらべる東西』と『くらべる日本』のなかから、桜餅やいなり寿司など、東西で異なるものを紹介して、会場の人に「三重県はどっち？」を選んでもらう形で行いました。意外と関東文化のものも多いことがわかるなど発見の多い楽しいセミナーでした。

て》となっている——とものの本には、だいたいこう書かれています。

ただ、三重県と他県の人とで「しあさって」が意味する日が異なっているというのは、どう考えても不都合が起こりそうです。そこで、三重県の人は、今では「ささって」ということばは使っていない——という話もネットでは見かけます。

果たして、三重県の人は今でも「ささって」と言うのでしょうか。機会があれば調べたいなと思っていたところ、同県の生涯学習センターからトークセミナーのお誘いをいただき、事前アンケートを行うというので「あした、あさっての次の日をなんと言いますか？」と尋ねたところ160人の方から以下のような回答を得ました。

《「しあさって」88人、「やのあさって」1人、「ささって」68人、その他3人》

ささって健在！　このアンケート結果だけから見れば、三重県の人の42.5％は「ささって」と言うことがわかったのです。もちろん世代によってばらつきはあるでしょうが《三重県ではもう「ささって」とは言わない！》ということでは、なさそうです。

滋賀県人は琵琶湖を「海」と呼ぶ

《滋賀県人は琵琶湖を「海」と呼ぶ》という話があります。

もちろん大人になっても琵琶湖を海と思っている人はいないでしょうが、たとえば山沿いの地域を「山側」と呼ぶのに対して、琵琶湖側を「海側」と呼んだりするのです。

琵琶湖を海と呼ぶことに、さほど違和感がないのは、浜辺から見た景色など、本当に海によく似ているからでしょう。

実際、時代劇の海のシーンはたびたび琵琶湖で撮影されています。黒松など生えている樹木が海のものとそっくりなこと。また撮影所がある京都から近いこともあり、『水戸黄門』など数多くの時代劇で、琵琶湖は海の役割を果たしているのです。

また滋賀県の小学５年生が乗るという琵琶湖学習船の名前が「うみのこ」というのも「琵琶湖＝海」として違和感がないことに影響を与えているかもしれません。

そんな琵琶湖と滋賀県人との関係を調べているとき《滋賀県の人は日本地図に琵琶湖がないと必ず書き込む習性がある》という一文を見つけて笑ってしまいました。もちろん極端に言っているのでしょうが、きっとそう思う滋賀県人は多いのでしょうね。こういった「県民の習性」ってけっこうありそうで、京都人の私には《とかく方角を言いがち》というのがあります。タクシーなどに乗って

「琵琶湖は滋賀県の面積のおよそ6分の1」とされます。あんなに大きいのに本当に6分の1しかないのかと思いますが、そんなとき説明するのに適しているのが、この6分の1サイズのチーズを使った図。きっちり並べると6分の1はそれほど大きく感じませんが、そのひとつを真ん中に置くとなんと存在感の大きいことでしょう。

いても「次の角を北にお願いします」と言うのですが、「珍しい言い方ですね」と同乗の人に言われたことがあります。京都って、道が碁盤の目になっていて南側だけ山のない盆地なので、すごく東西南北を意識しながら育つんですよね。

《茨城県人は「いばらぎ」と言われたら「いばらき」と訂正する》

こんな話も耳にしました。「茨城県」と書いてあると、たしかに他県の人は「いばらぎ」と言ってしまいますよね。ちなみに大阪にある「茨木市」は、「ぎ」か「き」かどっちだったかと思ったら、こっちも「いばらき」なんです。どちらも濁らない「いばらき」と覚えておきましょう。

《神奈川県に住んでいたときは、いつも富士山を意識していた気がします》

こんなことも教えてもらいました。東京の人もそうですが、富士山が見えるとそれだけで嬉しくなるんですよね。関西から来たときはまったく思わなかったのですが、東京に長く住んでいるとその気持ちがわかるような気がします。逆に甲府などの盆地に住んでいた人は、関東平野に出てくると山がなくて落ち着かないとも聞きます。県民の習性、探すともっとありそうですね。

たいたん

京都府の方言

京都府では、煮物のことを「たいたん」と言う。

京都弁の「たいたん」とは、出汁をじっくり染み込ませるように炊いた煮物のこと。京都の「おかず」である「おばんざい」のひとつで、大根や茄子、油揚げ、万願寺とうがらしなどあらゆるものがその食材となる。なお「おばんざい」というのも京都の方言のひとつで、漢字で表すと「お番菜」と書く。「番」というのは、日頃から飲むお茶のことを「番茶」というように日常のおかずのこと。京都の人が日常的に使うことばというよりも、京都の食文化を伝えることばとして広まっている。なお、「油揚げ」を京都の人は「お揚げさん」という。この前に「お」、後に「さん」をつけることばには「お豆さん」など、京都にはいろいろあるものの、特にどういったものに付けるのかその法則性はないだろう。

京都府の小皿は「おてしょー」。

京都の食卓でよく使う方言といえば「おてしょー」。これは小皿のことで、塩をもった小さな皿の「手塩皿」が変化したことばである。この「おてしょー」も「たいたん」も撮影にご協力いただいたのは、京都市中京区にある「京のおばんざい わらじ亭」。たいへんおいしいおばんざいがいただけるお店です。ぜひ足をお運びください。

レイコー

大阪府の方言

フレッシュ

大阪府では、アイスコーヒーのことを「レイコー」と言う。

愛知県や岐阜県では豪華なモーニングセットが供されるなど、全国には多様な喫茶店文化があるが、大阪も独自の喫茶店文化をもつ地域のひとつ。たとえば大阪名物「ミックスジュース」は、牛乳にバナナやミカンなどの果物を入れミキサーで混ぜた飲み物で、大阪の喫茶店ではほとんどのところで供されている。アイスコーヒーのことを「レイコー」と呼ぶのも大阪文化だろう。これは昭和30年代から広まったことばで、「アイスコーヒー」と言う人のほうが珍しかった時代もあったそうだ。今では、そう呼ぶ人も少なくなったが、大阪文化として「レイコー」や「冷コー」の表記を残しているところがある。また、コーヒーに入れるミルクを「フレッシュ」と呼ぶのも、大阪など関西地域で使われることば。これは1970年頃から、あるメーカーがコーヒーミルクを「コーヒーフレッシュ」という名前で売り出したことに由来している。

大阪府で味が染みた状態は「しゅんでる」。

他県から大阪に来た人が「あれどういうこと？」と不思議がることばのひとつが「しゅんでる」。これは食材に煮汁がよく染みた状態を指すことばで、煮物やおでんなどを食べるときによく使う。食べ物に使うことが多いが、「すりむいたところがお風呂でしゅむわ」とか、傷口に消毒液を塗ったときに「しゅむ！」など、傷口が沁みるときにも使う。

兵庫県の姫路市では今川焼を「御座候」と言う

同じ食べ物でも、全国にその呼び名がたくさんあるものとして知られるのが「今川焼き」です。小麦粉で作った丸い皮の中にアンコを入れて焼いたお菓子ですが、江戸時代中期に江戸の今川橋のあたり（今の東京都千代田区鍛冶町付近）で売り出されたのが、その発祥ではないかと考えられています。

これが全国に広がるなかで、じつに多様な名前を持つようになりました。

大きな分布をいえば、関東は「今川焼き」、近畿と九州では「回転焼き」、そして北海道、東北、中部、中国、四国では「大判焼き」という名前が多いようです。ただ、これ以外にも広島県の「二重焼き」や山形県の「あじまん」、兵庫県の「御座候」などの呼び名があります。

さて、そんな話を山出カメラマンにしていたところ「兵庫県の『御座候』とかは商品名だから、その県民にとっての総称とはちがうんじゃない？」という指摘がありました。「いやでも、絆創膏をカットバンとかバンドエイドとか言うのと同じで総称になってるんじゃないですかね」といったところ、今度調べてきますよとのこと。そして後日、こんなレポートが届きました。

《姫路で御座候調査してきました。姫路駅の新幹線改札を抜け、在来線の改札内に「御座候」の店舗を見つける。赤あんと白あんがあるので赤あんを買って食べてみる。流石にあずきミュージアムを作って

取材先の「今川焼」を食べ歩いた山出カメラマンによると、イチ押しは岡山県の「お竹まんじゅう」とのこと。「あんこも旨いがパリッと割れる黄金色の生地が素晴らしい」と絶賛。次点は、福岡で食べた「蜂楽饅頭《ほうらくまんじゅう》」（発祥は熊本県水俣市）。全国の「今川焼」は名前だけでなく、その味にもかなり差異がありそうです。

いる会社だけあって、あずきの風味が良くあんこが美味い。皮はしっとりもちっとした感じであんこ優先という印象。天気がいいので姫路城を見にゆくその道すがら「本当に姫路の人は回転焼きを『御座候』と言うのか」聞いてまわることにした。まず駅前の観光施設の30代前半の女性に「大判焼き、回転焼きのことを姫路では？」と聞くと「御座候」と即答。「その食べ物がお皿に上に乗っているのを見たら頭の中では？」と聞くと「御座候があるなと思う」という。次に姫路城前の公園でお弁当をもち寄って食べていた、おばあちゃんおじいちゃんの5人組。こちらも全員「御座候」で一致。「回転焼きやったけど、御座候になってしもたんや」というおばあちゃんの言葉が印象深い。姫路城でガイドをしていた若い男性も「御座候ですね」とのこと。姫路の出身ではないので、頭の中では「回転焼き」と思うこともあるが姫路で話すときには御座候になるという。駅方面に戻って、高校生らしきカップルに聞くも「御座候」とのこと。「回転焼きや大判焼きも使う？」に対しては「使わないです！」と強く回答。なお御座候以外の店で買ってもあの食べ物は「御座候」とのことでした。》

　ということで、姫路でのあの食べ物の呼び方は御座候ということでございます。

奈良県のだるまはオナラをする？

～「だるまさんがころんだ」調査～

全国各地で呼び名がちがう「遊び」の代表格といえば「だるまさんがころんだ」でしょう。

オニが壁に向かって目を閉じ何かを唱える間、それ以外の人がオニに走り寄って捕まった人を助ける――。こんな遊びですが、この唱える文言は全国各地、実にいろんなものがあります。

全国的に知られているのが「だるまさんがころんだ」ですが、京都や大阪を中心とした関西で一大勢力なのが「坊さんが屁をこいた」です。

京都で育った私も、この「坊さんが屁をこいた」で遊んだ記憶しかなく、我が地域には、「匂いだらくさかった」という下の句（？）もありました。初めて「だるまさんがころんだ」を聞いたときには「え？　だるまが転んでも何にもおきひんやん」と思ったものですが、まあ、坊主が屁をこいても、何も起きませんけど、子どもの感想はそんなものでしょう。

このほか関東では「インディアンのふんどし」、宮城県を中心とした地域では「くるまのとんてんかん」、山形や新潟などでは「ちゅうちゅうたこかいな」というフレーズが今でも使われているようです。

調べていて面白かったのが、奈良県の一部で使われているという「だるまさんが屁をこいた」です。だるまと坊主が交ざったハイブリッド仕様ですが、なんか絵面を想像するとじわじわおもしろ

だるまの様式にも地域性があり、関西のだるまは、写真左のように鉢巻きをしているのが一般的。一方、関東のだるまは、写真右のように黒目がなく、よいことがあったときにここを黒く塗るスタイルが多いという。（写真は『くらべる東西』（おかべたかし・著／山出高士・写真／東京書籍）より／撮影協力：日本玩具博物館）

い。いろんな地域の子が交ざってやるときは、この「だるまさんが屁をこいた」がいいのではないでしょうか。ウケる気がしますよ。

一般的に「けいどろ」と呼ばれる集団おにごっこも、その呼び名が全国でちがうことで知られています。「警察」と「どろぼう」に分かれて行うので、それぞれの頭の文字をとって「けいどろ」というわけですが、この順序を逆にして「どろけい」と呼ぶところもあります。また、「警察」を「巡査」に変えて「じゅんどろ」あるいは「どろじゅん」という地域もあります。

ただ調べたかぎり、「関東にはけいどろが多い」といった地域性を見出すことができず、学校単位でいろんな呼び名があるようです。そんななか警察、巡査を「探偵」にして「どろたん」あるいは「たんどろ」、または「探偵」と呼ぶ地域はどうも西日本に多いようですが、みなさんいかがですか。

ちなみに、私が育った京都の一地域では「おいばん」と言っていました。警察の役が「番頭」と呼ばれ「おいかけばんとう」「そしてにげるはどろぼうのこ」と歌いながら番頭と泥棒を決めていたんですよ。どうも、かなり珍しい方式のようです。

みぃする

和歌山県の方言

和歌山県では、魚の身をほぐして食べやすくすることを「みぃする」と言う。

和歌山県には「みぃする」という独特の方言がある。これは「魚の身をほぐして食べやすくすること」を意味しており、ほかのことばに置き換えることができないので「方言だと思わなかった。ほかの人はなんて言ってるの？」と和歌山県の人は驚くという(「魚の身をほぐして食べやすくするって言うよ」と伝えると二度驚く)。なお和歌山県の面白い方言に「からだ」を「かだら」と言うのがある。今の若い人は言わないだろうが、おじいちゃん、おばあちゃんに言われた記憶があるという人は少なくないそうだ。

和歌山県の松ぼっくりは「ちっちりこ」。

松ぼっくりというのも、方言が実にたくさんあることばのひとつ。代表的なものには、団子に見立てた「まつだんご」（茨城県）や「まつのだんご」（長野県）。ふぐり（睾丸）に見立てた「まつふぐり」（秋田県）や「まつのふんぐり」（三重県）などがある。和歌山県のなかでも「ちっちりこ」「ちちりこ」「ちっちり」「ちっちろ」など、多様な言い方がされている。

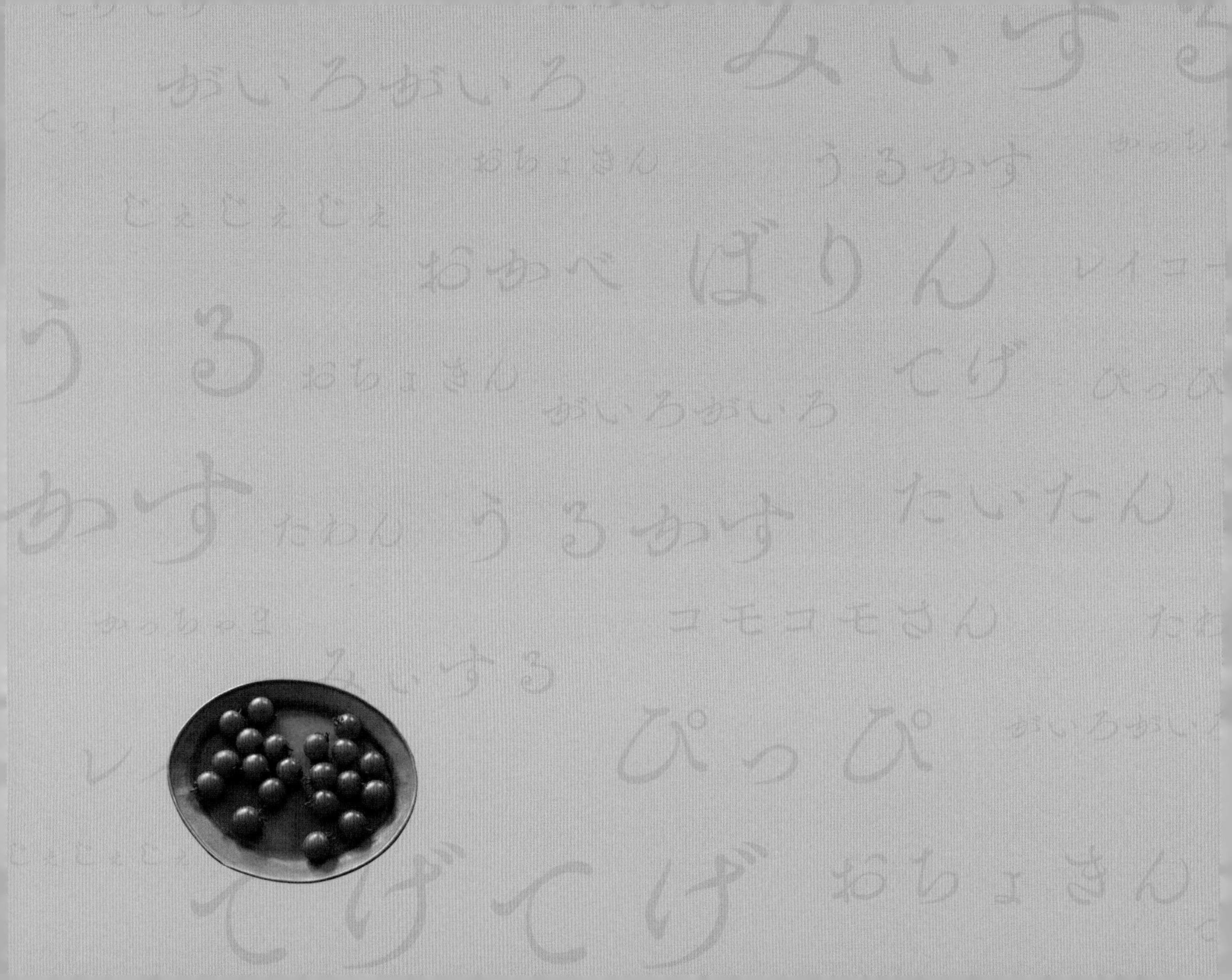
がいろがいろ
おちょさん
うるかす
じぇじぇじぇ
おかべ
ばりん
うる
おちょさん
てげ
がいろがいろ
たわん
うるかす
たいたん
コモコモさん
みいする
ぴっぴ
てげてげ
おちょさん

目でみる方言

PART 3

中国・四国・九州・沖縄

鳥取県人は「アリジゴク」を「コモコモさん」と呼ぶ

『方言ずかん』（篠崎晃一・監修／ほるぷ出版）という本を読んでいたら「方言の多い昆虫ランキング」というページがあり、３位「アメンボ」２位「カマキリ」１位「アリジゴク」とありました（『標準語引き 日本方言辞典』などを参考に独自集計とのこと）。１位「アリジゴク」って、ちょっと驚きませんか？

　生まれてから「アリジゴク」としか呼んだことがないですし、この虫とそれほど親しんだ記憶もありませんが、１位になるとはすごいもの。いったいどんな方言があるのか調べてみると、たしかにたくさんの呼び名があります。

「ウシコ」（福島県）や「ベーコ」（福井県）などは、アリジゴクの立派な顎を牛の角にみたてて名付けたもの。「ウシロベコ」（秋田県）というのもありますが、これはアリジゴクが後ろ向きに歩くことを加味して名付けたわけですね。青森県では「アトザリムシコ」とも言ったりするようです。

「スリバチムシ」（新潟県）や「スナモグリ」（静岡県）というのは、あの巣の形からきたものですね。「スナガメ」（岡山県）、「スナホリ」（奈良県）などと呼ぶところもあるようです。

「ホーリンサン」（島根県）とか「テーチッコ」（東京都八王子）とか「チッポケッポ」（栃木県）など、由来がよくわからない呼び名もたくさんあるのですが、なんだかとてもかわいい。とりわけかわいいのが、鳥取県の「コモコモさん」とか「コモコ

山出カメラマンが撮影してくれたアリジゴク。神社や公園などのサラサラした砂地を探すと見つかるそうです。

モじいさん」。同県には《コモコモさん、出ておいで》という歌もあるそうで、子どもたちがアリジゴクの巣の周りで歌ったんでしょうね。彼もきっと「地獄」と呼ばれるよりは「コモコモさん」と呼ばれたいんじゃないかなーなんて思いながら、その生態を知ろうと『アリジゴクのひみつ』（坂水健祐・文 写真／フレーベル館）という本を読んでみたのですが、知らないことがたくさんありました。

ウスバカゲロウというトンボのようでトンボではない虫の幼虫であることは知っていましたが、彼が食べるのはアリだけじゃないんですね。穴に落ちてきたものは、テントウムシやダンゴムシ、ムカデやヤスデ、そして小さなカタツムリも食べるそうです。そしてそれらに大きな顎を差し込み、消化液を注入して、肉を溶かして吸い取るのだとか！　さっきは「コモコモさん」もいいなと思っていたけれど、これを読むと、やっぱ地獄らしさがありますね。ただ同書によれば、ウスバカゲロウはアリジゴクの時代も含めて、人間に対して無益無害の昆虫であり、その生態を観察することで生命の不思議を感じられるとてもいい虫であるとのこと。機会があれば、飼育観察してみてはいかがでしょうか。

ばりん

島根県の方言

島根県では、熊手のことを「ばりん」と言う。

落ち葉をかき集めたりするのに使われる「熊手」を、島根県の人は「ばりん」や「ばりんかき」などと呼ぶ。この熊手は、実に多くの方言をもつ道具で、各地で「びんびら」（新潟県）、「ごくもかき」（静岡県）、「いっぽで」（三重県）、「がんじき」（兵庫県）などと呼ばれている。なお11月の酉の日に関東を中心に行われる「酉の市」でも縁起物の熊手が売られているが、これは秋の収穫祭に起源があるこの祭りでは古くから農耕具が売られており、そのなかから熊手は「幸せをかき集める」として、次第に縁起物として装飾されるようになったと考えられている。

島根県の七五三は「紐《ひも》落とし」

島根県では、七五三のことを「紐落とし」と言う。産まれて一カ月ほどで行う「初宮参り」のときは、紐を使って着物を着ていたが、紐ではなく帯で着るようになることからこう呼ばれるという説がある。なお全国的な七五三では、数え年の３歳は男女とも、５歳は男の子で７歳は女の子のお祝いをするのが一般的だが、島根県の紐落としは男女ともに数え年の４歳に一度だけやるのが通例だという。

しわい

岡山県の方言

岡山県では、噛み切りにくいことを「しわい」と言う。

岡山県では、肉が噛み切りにくいときに「しわい」という表現を使う。ビーフジャーキーなどが噛み切りにくいときは「これはしわい肉やな」などと言うわけだ。このことばは「労力を要する」といった意味ももち、一筋縄でいかないような仕事も「しわい仕事」などと言ったりする。今の若者は「あいつはしわい」などと、人に対して使うこともあるそうだ。なお高知県では、この「しわい」ということばは「しつこい」という意味をもつ。

岡山県の走り書きは「チャラ書き」

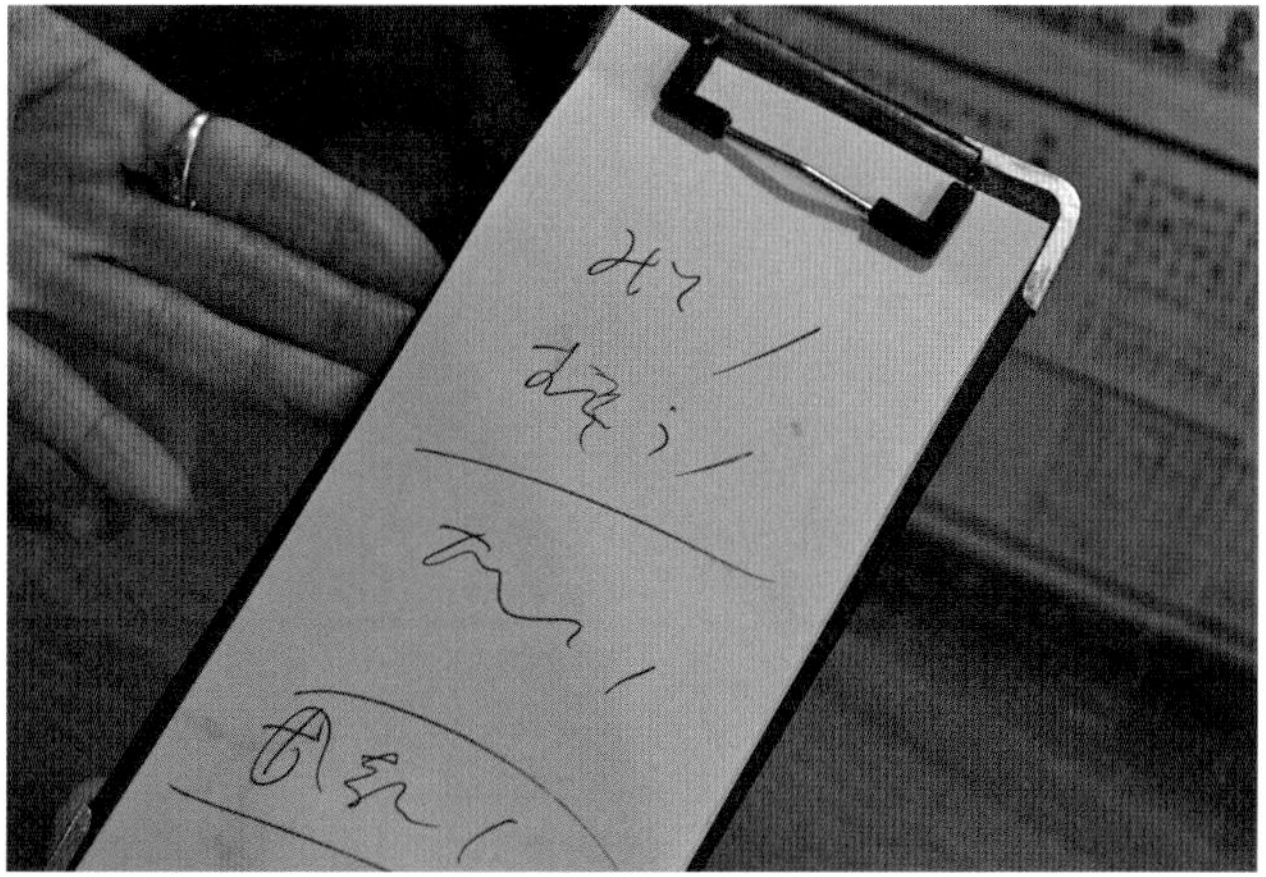

岡山県では、一般的に走り書きと呼ばれるものを「チャラ書き」と言う。「チャラ」とは「ちゃらんぽらん」などということばもあるように「いい加減な」という意味。捉えようによっては「走りながら書くの？」と思われる「走り書き」よりも、その意味を的確に言い表しているかもしれない。ちなみに写真のちゃら書きは蕎麦店「さ々美」で撮影させてもらったもの。上から順に「みそ１／すき　う（すき焼きうどん）１／大もり（大盛り蕎麦）１／大塩（大盛り蕎麦　塩カルビ丼）１」と書かれている。

広島県の三次市では「サメ」のことを「わに」と言う

『古事記』のいわゆる「因幡《いなば》の白兎《しろうさぎ》」に出てくる「和《わ》邇《に》(鰐)」は、サメのことを指していると考えられています。今「わに」といえば、爬虫類の「クロコダイル」や「アリゲーター」を思い浮かべる人がほとんどでしょうが、「わに」はサメを指すことばとして使われてきた歴史があるのです。

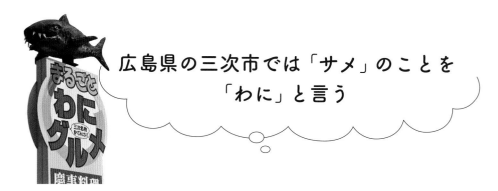

広島県の山間部、島根県との県境にある三次《みよし》市では、今なおサメのことを「わに」と呼び、当地にはわに料理を振る舞うお店があるという——。こんな情報を得たので、食べてみようと行ってみることにしました。三次市は、広島市から車で1時間半ほどですが、山中の高速道路を延々と走るルートなので、かなり山深いところにあります。ようやく高速を降りて、下道を走ること数分、道沿いに奇妙な看板を見つけました。

《まるごとわにグルメ》

そう書いてあるものの上に乗っているのは、どう見ても「わに」ではなくサメ？　この不思議な看板からすぐのところにわに料理を提供する「フジタフーズ」がありました。

「この三次でわに料理が食べられるようになったのは、明治以降のようです。わには、島根県の沖合で

国道375号沿いにある「わに（サメ）の看板」が目印の広島県三次市にあるフジタフーズ。刺身などのワニ料理を提供するだけでなく、「わにサブレ」などの商品開発も行っておられます。

よく獲れたのですが、当地で消費されるのは金になるフカヒレだけ。そこで、島根県の商人がこの内陸の三次までわにの身を持ってきて売るようになったそうです」

そう教えてくれたのは、このお店の藤田恒造さん。わに（サメ）は、体内にアンモニアが溜まりやすく、それゆえほかの魚より腐りにくいという特徴がある。だから、この内地の三次まで運んできても刺身で食べられるわにはとても喜ばれたそうです。

「ショウガ醤油で食べるとおいしいですよ」

そういって藤田さんに出してもらったお刺身は、臭みもまったくないうえ、歯応えもよくとても味わい深い。想像の十倍くらいおいしかったです。

ちなみに藤田さんは、この地域の子どもたちがわに料理をほとんど食べたことがないと知り、郷土の味を守るために提供を始めたのだとか。そして今では、わにバーガーに、わにサブレ、わにプリンなど、さまざまな商品を開発して、全国からわにを求めたお客さんがくるようになったそうです。

やはり方言も地域の伝統も、その土地の人が守りたいと思うからこそ残るものだなと改めて感じたわにの旅でした。

たわん

山口県の方言

piffre

山口県では、手が届かないことを「たわん」と言う。

山口県でいまでもよく使われる方言に「たわん」がある。これは、目的とするものに手が「届かない」ことを意味することばで、逆に届くときは「たう」と言う。この「届く」という動作にも、青森県の「とずく」、茨城県の「とんつく」、岐阜県の「つかえる」など各県にいろいろな方言がある。なお山口県の下関市といえば「ふぐ」が有名だが、同県ではこれを「ふく」と濁らずに発音する。これは「不遇」など、マイナスなことばを想起させることを避けたためと考えられている。

山口県の春菊は「ローマ」。

山口県では、春菊（大葉春菊）のことを「ローマ」と言う。そんな驚きの話を知り調べてみてわかったのは以下のようなこと。この「ローマ」ということばは、イタリアの都市「ローマ」に由来するもので、同地で栽培される春菊がイタリアの地中海沿岸部を原産地とするためこう呼ばれるようになったという。上の写真は東京で売られている春菊だが、これよりも葉っぱが丸みを帯びたしゃもじ型で、味はえぐみが少ないそうだ。つまり「ローマ」と他府県人が思い浮かべる春菊とは、ちょっとちがうわけですね。これは山口県に行く楽しみがひとつ増えました。ぜひ一度「ローマ」を味わってみたいものです。

まけまけいっぱい

徳島県の方言

徳島県では、あふれそうに注がれた様子を「まけまけいっぱい」と言う。

あふれそうに注がれたお酒や水をどう表現するのか。一般的には「なみなみ」という人が多いだろうが、徳島県では「まけまけいっぱい」と言う。徳島県で使われる「阿波弁」では、水がこぼれることを「まける」と言うので、そこから生まれたことばではないかと考えられている。なお同様のシチュエーションを、石川県では「つるつるいっぱい」と言う。また関西では「表面張力」や「すりきりいっぱい」なども言う。

徳島県で手袋をはめることは「手袋を履く」。

「履く」ということばを辞書で調べると《足をとおして下半身につける》などとある。つまり「履く」は、靴下や靴などに限られたことばであるのが一般的だが、北海道や東北、そして香川県や徳島県では、「手袋を履く」と言う人が多い。これはもともと手袋を「手靴」と呼んでいたことの名残りとされる。また徳島県にほど近い「東かがわ市」は古くから手袋作りが盛んで、そこに近い香川、徳島、また当地からの移住者が多かった北海道にこのことばがより多く残っているのではと考えられている。

ぴっぴ

香川県の方言

香川県では、うどんの幼児語を「ぴっぴ」と言う。

香川県には、うどんの幼児語となる「ぴっぴ」という方言がある。小さな子どもに「ぴっぴですよー」と、うどんを食べさせるというわけだ。語源は定かではないが、短く切ったうどんをすするとき、うどんについたツユがピッピとはねる様を言い表しているという説がある。なお岩手県では、うどんの幼児語を「ぺろぺろ」と言うそうだ。またうどんに限らず麺類の幼児語であれば、静岡県の「おじゅーじゅー」、長野県の「おつる」、奈良県の「ちるちる」などがある。

香川県小豆島のセミの抜け殻は「もっくりこ」。

香川県の瀬戸内海に浮かぶ小豆島では、セミの抜け殻のことを「もっくりこ」と言う。ただ島の南東部の坂手地区では「んごんご」と言い、「うま」と言うところもある。このように昆虫の方言が多いのは、魚のように商品として流通することがないからという説がある。メダカも方言が多いが、これも魚市場などで全国的に取引されることがないことがその理由とされる。

愛媛県人は「を」を「うぉ」と読む

「を」を「お」と区別するために、あなたはどのような表現を用いるでしょうか。おそらく多くの人が、自分が使ってきた表現以外の存在をあまり意識したことがないと思うのですが、これが実にいろいろあるのです。

《難しい「を」》。京都出身の私は、ずっとこう言ってきました。いろいろ聞いて回ると、なんとなく関西方面に多いようです。

《わをんの「を」》。とてもわかりやすい言い方ですが、これは関東から東北の人に多いようです。

《くっつきの「を」》。これも関東で生まれ育った人に多いようです。「を」というのが「本を買う」というように、ことばとことばをくっつける助詞であることに由来する表現ですね。

《小さい「お」》。こちらは地域性がはっきりあって主に富山県で使われる表現です。なぜ小さいのか。それは「ぉ」ではとも思いますが、その由来はよくわかりません。

《重い「お」》。こちらもはっきりと地域性のあることばで、主に栃木県で使われる表現です。ただ、こちらもなぜ重いのかはよくわかりません。

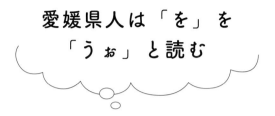

　由来がわからないものがあるものの、このようにいくつかの表現があり、なんとなく地域性があるのです。そして昨今、この「を」をどう発音するのかが話題になったのが愛媛県です。

《「を」の読み方、地域によって違う？「うぉ」と

愛媛県は、県内を大きく県南部の「南予」、県中央部の「中予」、県東部の「東予」の３つに分けられ、県内にも多様な文化圏があることで知られています。愛媛県の名物である鯛を使った「鯛めし」も、県南部の宇和島市のものは茶漬け風であるのに対して、県中央部の松山市のものは炊き込みご飯風と、大きくその様子がちがうのです。

読むのは方言か》

こちらは2022年９月15日に配信された『毎日新聞』の記事のタイトルですが、一般的に「を」は「お」と発音する地域が多いものの、愛媛県では「うぉ」と発音する人が圧倒的に多いというのです。こういったちがいが生まれた背景には、学校教育の現場で、「お」と「を」の発音を分けるように教えられてきたためと考えられています。なお奈良時代には、「を」は「うぉ」と発音するのが一般的で、愛媛県のように「お」の発音と分けるのが普通だった。これが11世紀頃から、同じ発音にするのが広まっていったと考えられており、「を」を「うぉ」と発音するほうが、古来の様式に近いという考えもあるそうです。

ただ、私の小学６年の娘に「を」を見せて「これなんて読む？」と聞いたところ「うぉ」と言いました。理由を聞くと「学校で習ったから」だとか。このように全体としては、愛媛県などで「うぉ」と言う人が多いという傾向はあるものの、習った先生の教え方によって、全国どこでも「うぉ」と読む人はいるのが実態かもしれません。

トマト
何個ある？

20ばあ

高知県の方言

高知県では、おおよその数を意味する「～くらい」を「ばあ」と言う。

高知の人が「方言だと思っていなかった」ということばのひとつに「ばあ」がある。これは「おおよそいくつくらい」を意味することばで、写真のようにトマトがたくさんあって「何個ある？」と聞かれたら「20ばあ」と答えるわけだ。「あの人、いくつ？」と年齢を尋ねられたときも「50ばあやろ」（50歳くらいやろ）と返事する。高知には、目的地まで「あと５分くらい」という意味で「５分ばあ」と記された看板もある。

高知県で窓を少し開けることは「すかす」

「すかす」と聞くと、ちょっとかっこつけている人の意味と感じる人も多いだろうが、高知県では「窓を少し開けること」を意味する。換気を促すときには、「窓、ちょいすかしとき」などと言うわけだ。水をこぼすことを意味する「水がまける」などと共に、「方言だと思わなかった」という人が多いことばである。

福岡県の「いっせいのーせ！」は「さんのーがーはい！」

何かを一緒に持ち上げるときの掛け声といえば「いっせいのーせ！」が一般的。しかし福岡県では、これを「さんのーがーはい！」と言います。

この不思議なことばは何に由来するのでしょうか。そう思って調べてみると、「いっせいのーせ！」についても面白いことがわかりました。

このことば、なんとフランス語に由来するという説があるのです。明治時代、フランスの海軍が帆を引き上げるとき「イセー！イセー！」と声をかけていた。これはフランス語の引き上げるという動詞の「hisser（イセー）」なのですが、これが「いっせいのーせ！」になったというのです。さて気になる「さんのーがーはい！」ですが、合唱などで歌い出すとき「イチ、ニノ、サン、ハイ！」という掛け声を省略して「サン、ハイ！」ということがありますよね。あれに由来しているのでは、という説がありました。また「いっせいのーせ！」が全国的に使われているものの、大阪を中心とした関西圏では「いっせいのーで！」と末尾が「で」に変化するといいます。

福岡県には、こういった独特の掛け声がほかにもあります。それが「ぜんたーい止まれ！」に対する返事。普通は「イチ、ニ」で止まりますが、福岡では「イチ、ニ、サン、シ、ゴ」と5まで数えて止まります。ネット上にはいくつかこの動画がアップされているので見てもらいたいのですが、

日本国内でさまざまな呼び名があるジャンケンですが、そのルールはどこでもほぼ同じ。しかし海外に目を向けると、大きくルールが異なる国もあります。写真は、フランスのジャンケンを表したものですが、「石」「ハサミ」「木の葉」だけでなく、筒のように手をすぼめた「井戸」もあり、この４種類の出し手によって勝敗を決めるのです。

想像以上の早口で５まで数えていて、ちょっと笑ってしまいました。なぜこんなちがいが生まれたのか理由はよくわからずじまいでしたが、P77で紹介した「立て！」と「座れ！」に対する返事の「ヤー！」と同様に、この県では、独自の体育教育がされているようですね。

　掛け声の地域性と言えば、その多様性が面白いのは、やはりジャンケンでしょうか。全国的に使われているのは、やはり「じゃんけんぽん」ですが、各地域にいろんなバリエーションがあります。「ちっけった」は、千葉県を中心に使われていることば。ただ、埼玉や神奈川などにも見られ、一説には東京を中心に「じゃんけんぽん」圏があり、その周囲に「ちっけった」圏があるのでは、とも考えられています。「いんじゃんほい」は、大阪を中心とした地域で使われることば。私は京都生まれですがお経のような感じで「じゃーんけーんでほーい」と唱えていました。福岡では「じゃいけんしっ」。新潟にはいろんな掛け声があって「チェーローエス」とか「ホーライショー」とか「ドウカイヤ」などがありました。この新潟におけるジャンケンの掛け声の豊富さはどこからきているのでしょうか。また謎が増えた思いです。

鳥が羽を
バタバタバタ
させる

佐賀県の方言

佐賀県では、擬音語を3回繰り返す。

全国の方言のなかでも、とても珍しい特徴なのが、この「佐賀県では擬音語を3回繰り返す」というもの。雨が降っているときに「雨がざーざー降っている」と「ざー」を2回繰り返すのが一般的だろうが、佐賀県では「雨がざーざーざー降っている」と言う。また「鳥が羽をバタバタさせる」ではなく、「鳥が羽をバタバタバタさせる」と言うのだ。その由来については定かではないが、江戸時代の佐賀藩が編纂した『葉隠』という本で教育を受けた佐賀の人たちは負けず嫌いな一面を持つようになり、それが他県よりも強調する表現につながったのではないかという説がある。なお佐賀市の中心部にある「どんどんどんの森」は、この擬音語を3回繰り返すという佐賀方言の特徴に由来して名付けられている。

佐賀弁の「きゅーのしゃーは、きゃーのしゅー」はどんな意味？

佐賀の方言で「きゅーのしゃーは、きゃーのしゅー」とはどういう意味かわかるだろうか。これは「今日のおかずは、貝の汁」ということで「きゅー」は今日を意味し、「きゃー」は貝、「しゃー」はおかずで、「しゅー」は汁を意味している。こういった方言をキーホルダーとマグネットにして販売しているのが、佐賀県武雄市。方言の魅力を発信できればと制作されたもので、このほか「簡単ではない」という意味の「ざっとなか」や、「曲がっている」という意味の「よんごひんご」など、全部で18種類ある。（写真提供・武雄市観光協会）

じゃがいも

長崎県の方言

長崎県では、穴の空いた靴下のことを「じゃがいも」と言う。

穴の空いた靴下のことを長崎県では「じゃがいも」と言う。他県の人からすると「なぜ？」と思うが、その穴からのぞいて見える指が、じゃがいものようだからというのがその由来。こんな状態を言い表す方言はほかにはないだろうと思っていたが、なんと仙台では「おはよう靴下」と言うそうだ。同県の人にとっては「ほかになんて言うの？」と思うほどに、慣れ親しんだことばだという。

長崎県の「ミルクセーキ」は食べるもの。

一般的な「ミルクセーキ」といえば、卵と牛乳、砂糖を混ぜて作った「飲むもの」。しかし長崎におけるミルクセーキといえば、「食べるもの」とされている。昭和の初期頃、「ツル茶ん」という喫茶店が、長崎県の暑い夏をしのげるようにと、ミルクセーキに砕いた氷を入れて作ったのがその起こりとされている。現在では、この「食べるミルクセーキ」は同県の各地の喫茶店で提供されている。一般的なミルクセーキに氷を入れても作れるので、暑い夏に自作してはいかがだろう。

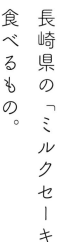

熊本県人は「あとぜき」を全国に広めたいと考えている

熊本県の方言といえば「あとぜき」でしょう。

意味としては「開けた扉を閉めること」。同県の教室やお店の出入り口などに貼られた「あとぜきお願いします」というのは「開けたら閉めてね」というメッセージなのです。

熊本県の人にとっては、とても馴染み深いことばですが、他県の人にはそれほど知られておらず「え？　方言だったの？」と大変驚くと言います。そしてそれと同時にこう思うそうです。「全国に『あとぜき』を広めたい」と。

「全国に『あとぜき』を広めたい」というメッセージはネット上にも多く、たしかに「開けた扉は閉めて！」よりも「あとぜき」のほうが端的。きっとこんな「全国に広めたい方言」はほかにもあるのだろうと探してみると、いくつか見つけることができました。

たとえば、宮城県で使われる「いずい」。このことばの意味するところは「なんか違和感があって落ち着かない」といったところでしょうか。パートナーと歩くとき、いつも左側を歩いているのに今は右側だから「いずい」。タートルネックのニットの質感がなんか合わなくって「首がいずい」。明確に痛いとか嫌というより落ち着かないといった感じで《これが標準語でうまく説明できない感じもまた「いずい」》ので、仙台の人はぜひ全国に広めたいと思うそうです。

熊本県の名所として名高いのが西南戦争の激戦地として知られる「田原坂」。一般的に「たはら」と読むところを「たばる」と読むのですが、この「原」を「はる」や「ばる」とするのは「春日原（かすがばる／福岡県）」や「西都原（さいとばる／宮崎県）」など、圧倒的に九州や沖縄に多い読み方なのです。

今回の調査で個人的に広がるといいなと思ったのが、津軽弁の「ろー」。なんとこれで「ほら、言ったでしょ」という意味をもつのです。「明日雨が降るかもしれないから長靴用意しておきなさい」なんて言っていたのにもかかわらず「大丈夫」と何もやらない子どもたち。それで次の日、雨が降っていたら「ろー」と言えばいい。どうですか。便利ですよね。

このように標準語にうまく言い換えられないものを中心に「全国に広めたい方言」があるわけですが、実際、方言だったものが全国に広がるケースは珍しくありません。たとえば最近、注目されているのが「知らんけど」です。

これはもともと関西で使われていたことばで、SNSなどで話の最後に「知らんけど」と付けるのが流行っているといいます。その意図としては、話の内容の責任回避をしていると説明されるようですが、関西出身の私からしてみたら、それだけでもないようにも思います。ベラベラと長く蘊蓄《うんちく》を語ったあと「知らんけど」とつけることでオチをつけるニュアンスがあるのではないでしょうかね。関西って長い話にはオチが必要と思う文化があって、わりと楽にオチを作れるのが「知らんけど」かなと。まあ、よう知らんけど。

11時前10分

大分県の方言

SEIKO

大分県では、11時10分前のことを「11時前10分」と言う。

写真の時計が示す「10時50分」のことを、一般的には「11時10分前」と言うが、大分県では「11時前10分」と言う。つまり「前」の位置が異なり、「11時」という部分を省いたときにも「前10分」と言う。大分の人にしてみると、「11時10分前」だと最後まで聞かないと11時より前か後かわからないが、「11時前10分」は最後まで聞かずとも11時より前とわかるので合理的なのだとか。

大分県で狭い道で車がすれちがうことは「離合」。

辞書で「離合」をひくと《離れたりひとつに合わさったりすること》とある。しかし大分県では、このことばを「狭い道で車がすれちがうこと」という意味で使う。たとえば、道が狭くなるところには「この先 狭し 車両離合困難」などといった立て看板が設置されている。道路の看板になるような一般的なことばだが、大分を中心とした九州や中国地方の西側だけでしかほとんど通じない。

宮崎県の方言「てげ」は「てげてげ」と意味がちがう

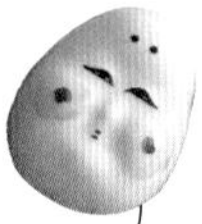

宮崎県には、ことばを重ねると意味が変わるという不思議な方言があります。

それが「てげ」と「てげてげ」。

「てげ」は、「とても」という意味で「てげおもれ（とても面白い）」といったように使い、『てげビビ！』という宮崎県のローカル番組のタイトルになるほど県民がよく使うことば。これが「てげてげ」になると、「いい加減」とか「適当」といった意味になります。

「『てげ』も『てげてげ』も好きなことばですね」

そう宮崎の人から教えてもらったのですが、それは県民性を言い表しているからだとか。宮崎は、温暖で暮らしやすい気候ゆえ「のんびりほどほどに暮らせばいいよね」という気持ちの人が多く、そういう気分にこの「てげてげ」ということばがぴったりなのだとか。

そんな話を聞いていると、県民が愛する食べ物の「ソウルフード」ならぬ、「ソウルワード」なるものがあることに気づきました。単純に好きというだけでなく、その土地の人たちの生活や気分を体現することば。あるいは標準語では言い換えることができない愛することば。

きっと多くの土地にソウルワードがあるのではないかと、いろんな地域の人に聞いてみました。

長野県の人に教えてもらったのが「ずく」。その意味は「やる気、根気」といったもので、コツコ

「おきゃく」で名高い高知県のお座敷などで使われるのが、この「可杯《べくはい》」。「可」という時は、漢文において決して文末にくることがないことから、下に置くことができない盃という意味で名付けられている。通常、天狗、ひょっとこ、おかめの3つの盃からなり、天狗などを見ればわかるように、飲み干すまで下に置くことができない。どの盃で飲むかは付属のコマで決めるわけだ。一度、体験したことがあるのですが、それはそれは酔います。機会があればぜひどうぞ。

ツ根気よく取り組んでいる姿勢には「君はずくがあってよい」と言われ、面倒くさがっている態度には「ずくを出せ」と言われたり「このずくなしが！」と怒られるそうです。幼いときから幾度となく聞かされることばで「県民のソウルワードといえば、ずく」だそうです。

高知の人に聞いたら「やはり『おきゃく』でしょう」との答え。「おきゃく」とは、同県で行われる宴会のこと。ただの「宴会」ではなく、親類や友達を招いて催すもので、今では「土佐のおきゃく」として高知の街を会場として全国から観光客が訪れる大イベントになっています。

北海道の人に教えてもらったのが「なんも」。これは「大丈夫だよ」とか「気にしないでね」といった意味で「遅れてごめん」と言われて「なんもだよー」とか、「こないだは親切にありがとう」と言われたときに「なんもなんも」と繰り返して使ったりするそうです。なんだか「なんもなんも」と書いているだけでも、優しい気持ちになる素敵な方言ですね。

あなたの故郷のソウルワードは何ですか？

おかべ

鹿児島県の方言

鹿児島県では、豆腐のことを「おかべ」と言う。

鹿児島県では豆腐のことを「おかべ」と言う。豆腐を白い壁に例え、ここに「御《お》」を付けたのが語源の一説とされ、少し前までは豆腐屋を「おかべ屋」と呼ぶ人も少なくなかったそうだ。また、献上するとき「豆腐」の「腐」という字を嫌って、ほかのことばを当てたという説もあり、島根県では、同様の理由から「豆腐」を「豆富」と書く地域が多い。なお鹿児島を代表する食品の「さつま揚げ」は、かつて「薩摩」と呼ばれた鹿児島の名産であることから他県ではこう呼ばれるが、当の鹿児島では「つけ揚げ」と呼ぶのが一般的である。

鹿児島県の黒板消しは「ラーフル」。

鹿児島県や宮崎県の方言として広く知られているのが、黒板消しを「ラーフル」と呼ぶことであろう。これは「ほつれ糸」や「こする」といった意味を持つオランダ語の「rafel」がその語源で、まだ黒板消しがなかった時代に、ほつれ糸を束ねたようなもので黒板を消していたことに由来するのではと考えられている。当地では当たり前のように「ラーフル」と呼ぶので、黒板消しが一般的な名称と聞いて驚く人が多いという。

ぜんざい

沖縄県の方言

沖縄県では、かき氷のような冷たい甘味を「ぜんざい」と言う。

「ぜんざい」といえば、小豆を甘く煮たものに餅を入れた温かい甘味を連想する人がほとんどだろうが、沖縄における「ぜんざい」は、このようにかき氷スタイルの冷たい甘味である。沖縄の黒糖で甘く煮た金時豆と白玉を入れるのが定番となっていて、沖縄では一年を通して提供するお店が多いという。このように沖縄の人と、他府県の人がイメージするものがちがうことばに「いんちき」がある。多くの人は「いんちき」と聞けば「ずるい」といった意味だと思うが、沖縄では「いいなー」とか「羨ましい」という意味だという。

極上の沖縄料理が食べられる「やんばるダイナー」

撮影にご協力いただいたのは東京都千代田区にある「やんばるダイナー」。「やんばる」とは、沖縄本島北部の豊かな森林が広がる地域のことで、同店は同地の地酒や沖縄家庭料理を供している。丁寧に作られた沖縄ぜんざいは、金時豆がとてもいいアクセントになっていて大変美味。また、沖縄料理の「ラフテー」（豚のバラ肉を煮込んだもの。左写真・左奥）と「ソーキ」（豚の骨つきあばら肉を煮込んだもの。左写真・右手前）をいただきましたが、こちらもすごく上品な味わいでした。個人的にこれほど洗練された沖縄料理を食べたのは初めてでした。東京で「沖縄ぜんざい」が食べられる貴重なお店です。ぜひ一度行ってみてください。

文・岡部敬史

本書の制作を通して、好きな方言がたくさんできたので、ここで「私の好きな方言ベスト５」を発表したいと思います。

５位は佐賀県の「擬態語を３回繰り返す」。すごく面白いですよね、これ。犬はワンワンワンだし、鳥は羽をバタバタバタだし、いつかリアルで聞いてみたい。

４位は愛知県の「ときんときん」。鉛筆が尖っている様ですが、これが「ぴんぴん」とか「けんけん」とか全国各地に異なる表現が実にたくさんある。ぜひみなさんもいろんな県の人が集まったときに聞いてみてください。きっと盛り上がるはずですし、きっといちばん熱く語るのは「ときんときんやろ！」という愛知の人だと思います（笑）。

３位は宮城県の「うるかす」。こんな便利なことばを方言にしておいていいのでしょうか。ぜひ「うるかす」を全国区に押し上げましょう。

２位は秋田県の「がっこちゃっこ」。「がっこ」は漬物で、「ちゃっこ」はお茶。それで「がっこちゃっこ」は、漬物を食べながらお茶を飲む時間というのですから、書いているだけでも笑顔になります。いつか秋田で「がっこちゃっこ」に交ぜてもらいたい。

１位は北海道の「なんもなんも」。これ、いいことばですよね。標準語で「いいえ、お気になさらずに」を「なんもなんも」。「なんも」と短くしたり「なんもですよー」と使ったりするというのも実にいい。優しさに満ちたこの素敵な方言を、いつかリアルに聞いてみたいものです。

さて最後に御礼を。今回は「今でも使っている方言」をできるだけ収録したく、多くの方にご意見をいただきました。ご協力ありがとうございました。モデルになってくれたみなさん、取材にご協力いただいたみなさんにも感謝を。シリーズずっと共に歩んでいるカメラマンの山出高士さん、デザイナーのサトウミユキさんにも改めて感謝を送ります。

渾身の「御座候」レポートはP106～107を読んでいただくとして、全国で出会った美味しい「あの食べ物」について報告しておきたい。

福岡で出会ったあの食べ物は「蜂楽饅頭」と名乗っており、本店は熊本だが福岡市内にも3店舗あり福岡西新店で食べることができた。長い列に並んだが、提供スピードが速いので、購入まであっという間です。怯まず並んでください。あつあつを頬張れば、蜂蜜がほのかに香り、その風味とあんこの旨さに大満足するはずです。

岡山に行く機会があれば「お竹まんじゅう」を訪れたい。戦後岡山では、あの食べ物を「ふうまん」と呼び多くの店舗があった。「お竹まんじゅう」もそのひとつで、創業昭和21年。岡山駅西口から徒歩10分程度でイートインのある店舗に到着できる。あずきを使った「赤あん」は粒あんながら滑らか、パリッと割れる黄金色の衣を纏《まと》い、香ばしく素朴ながら旨い。丁寧な仕事っぷりが窺える逸品である。

このほかに大阪や名古屋でも食べたが、今の所、上記2店がツートップである。さらに探求を進め「あの食べ物」について語ってゆきたいと思います。なんせ私の祖父は、戦後あの食べ物に似たものを焼いて生計を立てていたので。その名は「ぱんじゅう」。

今回も一緒に本作りをしてくれた、岡部さん、サトウさん、藤田さん。取材に協力してくれた皆さんに感謝申し上げます。

写真・山出高士

撮影協力　＊敬称略

阿蘇製薬株式会社

魚ケン

おかべかなこ

奥出雲町役場 まちづくり産業課

株式会社 教育同人社

亀嵩観光文化協会

京のおばんざい わらじ亭

久慈市商工観光課

公益財団法人三重県文化振興事業団
三重県生涯学習センター

さ々美

Jスターズ FC（ハルト、ユウゼン、ケイ、
コウマ、リキト、ナビラン、ユウマ）

武雄市観光協会

長岡信也

はまもとりょうた

フジタフーズ

布施千代里・伊千乃

ミッチーチェン

山出陸大

やんばるダイナー

主要参考文献

『アリジゴクのひみつ』
（坂水健祐・文 写真／フレーベル館）

『新日本言語地図』
（大西拓一郎・編／朝倉書店）

『とっさの方言』
（小路幸也、大崎善生ほか・著／ポプラ文庫）

『都道府県別　全国方言辞典』
（佐藤亮一・編／三省堂）

『日本方言辞典　標準語引き』
（佐藤亮一・監修／小学館）

『方言ずかん』
（篠崎晃一・監修／ほるぷ出版）

『方言　ポプラディア情報館』
（佐藤亮一・監修／ポプラ社）

岡部敬史（おかべたかし）

1972年京都府生まれ。早稲田大学第一文学部卒。出版社勤務後、文筆家・編集者として活動。著書に『くらべる東西』『目でみることば』『見つける東京』（東京書籍）、『将棋「初段になれるかな」大会議』（扶桑社）などがある。個人ブログ「おかべたかしの編集記」。

山出高士（やまでたかし）

1970年三重県生まれ。梅田雅揚氏に師事後、1995年よりフリーランスカメラマン。『散歩の達人』（交通新聞社）などの雑誌媒体のほか、企業広告も手がける。2007年より小さなスタジオ「ガマスタ」を構え活動中。著書に『くらべる東西』『目でみることば』『似ていることば』（東京書籍）などがある。『人生が変わる！ 特選 昆虫料理50』（木谷美咲、内山昭一・著／山と溪谷社）、『もにゅキャラ巡礼』（楠見清、南信長・著／扶桑社）でも写真を担当。

目《め》でみる方言《ほうげん》
2023年3月30日　第1刷発行

岡部《おかべ》敬史《たかし》・文
山出《やまで》高士《たかし》・写真

発行者　渡辺能理夫
発行所　東京書籍株式会社
〒114-8524 東京都北区堀船2-17-1
03-5390-7531（営業）
03-5390-7500（編集）

デザイン　サトウミユキ（keekuu design labo）
編集協力　（有）SPOON BOOKS

印刷・製本　株式会社リーブルテック

ISBN978-4-487-81629-3 C0081

Printed in Japan

出版情報　https://www.tokyo-shoseki.co.jp